以管攻管

叛逆宰相的人生翻轉聖經，
管仲的心機管理手記

劉燁，山陽 著

一位逆轉人生的超狂宰相，一本歷代最強的管理精華！

本書擷取《管子》的理論精華，從現代生活的角度詮釋了管子的智慧，論題鮮明，結構嚴謹，並附有點評畫龍點睛，使讀者在輕鬆閱讀的同時，也可以迅速掌握《管子》的精髓。

崧燁文化

序言

管子（約西元前七二五年～前六四五年），即管仲，名夷吾，字敬仲，春秋時期齊國潁上（今安徽省潁上縣）人，著名的政治家、軍事家、思想家和經濟學家。

管子在齊執政四十年，輔佐齊桓公厲行改革、富國強兵，其九會諸侯、一匡天下的豐功偉業和民為邦本、禮法並用、通商惠賈、開放務實的深邃思想，贏得了世人的謳歌和後人的禮讚。

管子的一生，不僅建立了彪炳史冊的功勛，還給後世留下了一部以他命名的巨著——《管子》。

《管子》共八十六篇，其中十篇亡佚，實存七十六篇，兼有戰國、秦、漢的文字，集有一批「管子學派」的思想和理論，後人認為它絕非一人一時所作。

《管子》內容博大精深，主要以法家和道家思想為主，兼有儒家、兵家、縱橫家、農家、陰陽家的思想，內容涉及天文、地理、經濟、政治、文化、教育、軍事、外交和個人修養、人際關係等眾多領域，被學者視為「百家爭鳴的高潮」時期的代表作，曾經達到「家有之」的程度。《管子》一書雖非管子所作，但書中記錄的都是管子的治國思想，對後世影響深遠。

管子是一位思想家，他主張法治，指出全國上下都要守法，賞罰功過都要以法辦事；認為國家治理得好與壞，根本在於能否以法治國。

管子非常重視發展經濟，他認為「倉廩實而知禮節，衣食足而知榮辱」，也就是國家的安定與不安定，人民的守法與不守法，與經濟發展關係十分密切。

管子十分重視人才的任用，他主張「任其所長，不任其所短」，「苟大意得，不以小缺為傷」，「毋代馬走，使盡其力；毋代鳥飛，使弊其羽翼」。認為君主不能事必躬親，要懂得發揮人才的聰明才智，並根據其品德才能、功績貢獻來任官授爵。

管子的思想中還有許多可貴的地方，如他主張尊重民意，他說「順民心為本」，「政之興，在順民心；政之所廢，在逆民心」；他重視為人處世的方法，他說「寧過於君子，而毋失於小人」，「信也者，民信之」，「吝於財者失所親」，「怠倦者不及，無廣者疑神」。

管子的思想對後世影響很大。當然，管子是春秋時代的歷史人物，所以他也有歷史局限，如為齊桓公創立霸業而加重人民的負擔、在改革中主要代表統治階級利益等。雖然如此，管子仍不失為一位智者，對歷史做出了傑出的貢獻。

本書擷取《管子》原著中的理論精華，從現代生活的角度詮釋了管子的智慧。書中論題鮮明，結構嚴謹，行文流暢，說理透澈。全書的每一篇文章，除有理論闡釋外，還選編了古今中外的經典故事進行解說，並附有點評加以畫龍點睛，使讀者在輕鬆閱讀的同時，可以快速領略《管子》的精髓。

管子生平

中國古代第一相

大約在西元前七二五年，管子生於齊國穎上縣。少年時，管子喪父，與母親相依為命。由於家中貧窮，管子不得不過早地挑起了家庭重擔。為維持生計，管子與好友鮑叔牙一起經商謀生，後棄商從政。

從政後，管子與鮑叔牙分別輔助齊國公子糾和公子小白。後因齊襄公昏暴，齊國發生內亂。為避亂，管子隨公子糾去了魯國，鮑叔牙隨公子小白去了莒國。

西元前六八六年，齊國動亂，公孫無知殺死了齊襄王，自立為君。一年後，公孫無知又被殺，齊國一時無君。逃亡在外的公子糾和公子小白得知後，都想盡快趕回齊國奪取君位。

為使公子糾順利當上國君，管子帶兵在途中伏擊公子小白，並親自射中小白。小白中箭倒地。其實，箭矢只射中了小白衣服上的銅釦。管子以為小白已死，遂放慢了回國的速度。而小白則乘機搶先趕回齊國，登上君位。公子小白就是歷史上有名的齊桓公。

齊桓公即位後，設法殺死了公子糾，並欲殺死射他一箭的管子。鮑叔牙極力勸阻，指出管子乃天下奇才，要桓公為齊國強盛著想，忘掉舊怨，重用管仲。齊桓公接受了建議，接管仲回國，不久即拜他為相，主持政事。

管子執政後，著手整頓內政。他先劃定了齊國的地方行政區域，將國都地區劃分為十五個士鄉和六個工商鄉。士鄉的百姓以當兵為業，每五家為一軌，設軌長；每十軌為一里，設里有司；每四里為一連，設連長；每十連為一鄉，設鄉良人；每五鄉為一帥，設元帥。平時務農，戰時即組成軍隊，每家出一人，一軌出五人組成一伍，一里五十人，一連兩百人，一鄉兩千人，一帥一萬人，組成一軍。如此寓兵於農，約徵得兵力三萬人，戰車千輛。每年春季和秋季各訓練一次，這使齊國軍隊的戰鬥力大大增強。工商鄉的百姓從事手工業生產和經商。他又將國都以外的地區劃分為五屬，每屬十縣，每縣三鄉，每鄉十卒，每卒十邑，每邑三十家，各設官員管理，使全國組織成軍政合一的整體。

管子又實施經濟改革，制訂了「相地而衰徵」的政策，即根據土地的優劣徵收賦稅，使賦稅趨於合理，從而提高了百姓的生產積極性。他又注重發展農業生產和貿易，根據年成的好壞來收存和散發糧食、物產，還由政府來控制山海之利，鑄造貨幣，從而使齊國的經濟繁榮起來。

管子在選才用人上也作了改革。他大膽打破了世卿世祿的舊框架，設立了新的用人制度，提出了以道德特質、才能學識和功勞為依據來任用官員的思想，從而提高了國家機構的行政效率。

管子推行了一系列的改革措施，使齊國迅速振興，日益強盛起來。

接著，管子又向齊桓公提出了實現在中原稱霸的謀略，即「尊王攘夷」。所謂「尊王」，就是擁護周王室。所謂「攘夷」，是指當時中國北方的狄人和戎人藉中原各國爭戰之機內侵，對各國造成嚴重威脅，領頭伐夷就能得到各國的擁戴。管子的這一舉措，獲得了各諸侯國的贊同，使齊桓公取得了政治上的號召力。

西元前六五二年，周惠王去世。齊桓公會同各諸侯國擁立太子鄭為天子，這就是周襄王。周襄王即位後，派人送祭肉給齊桓公以示嘉獎。齊桓公召集各諸侯國會盟，舉行受賜典禮，並依據管子的建議，訂立了盟約。至此，齊桓公在管子的輔佐下，先後主持了三次武裝會盟、六次和平會盟，還輔助王室一次，史稱「九會諸侯，一匡天下」，成為公認的霸主。管子因功勛卓著，被齊桓公尊為仲父。

西元前六四五年，管子病逝。

管子一生在齊執政四十年，使齊國一躍而為強國，稱霸於天下，其歷史功績和治國思想為後世廣為傳誦，史學界稱之為「中國古代第一相」。

目錄

一　不以自己的好惡識人

管子曰：「小白之為人，無小智，惕而有大慮。」（語出《管子・大匡》）

小白的為人，沒有小聰明，性急但有遠慮。

識人，不能憑自己的好惡妄下結論。應以事實為根據，綜合衡量一個人的高下長短。如此，才能充分認識一個人。

管子善於識人，這一點不僅體現在他向齊桓公舉薦人才上，而且從他對齊桓公的評價上也可以看出來。

據《管子．大匡》記載：

齊僖公生有公子諸兒、糾與小白。齊僖公委派鮑叔輔佐小白，鮑叔不願意，稱病不出。

管仲和召忽去看望鮑叔，說：「為什麼不出來做事呢？」

鮑叔說：「先人講過：知子莫若父，知臣莫若君。現在國君知道我不行，才讓我輔佐小白，我是不願意的。」

召忽說：「你若是堅決不幹，就不要出來，我暫且向君王保證說你要死了，他就一定會把你免掉的。」

鮑叔說：「你能這樣做，哪還有不免我的道理呢？」

管仲說：「不行。主持國家大事的人，不應該推辭工作，不應該貪圖安閒。將來繼承君位的，還不知道是誰。你還是出來做事吧。」

召忽說：「我看小白一定當不上繼承君位的人。」

管仲說：「不對，全國人都厭惡公子糾的母親，以致厭惡公子糾本人，而同情小白沒有母親。諸兒雖然居長，但品格卑劣，前途如何還說不定。看來統治齊國的，除了糾和小白兩公子，將無人承擔。小白的為人，沒有小聰明，性急但有遠慮，不是我管夷吾，無人理解小白。不幸上天降禍加災於齊國，糾雖得立為君，也將一事無成，不是你鮑叔來安定國家，還有誰呢？」

召忽說：「百年以後，國君去世，如有違犯君命廢棄我之所立，奪去糾的君位，就是得了天下，我也不願意活著；何況，參與了我們齊國的政務，接受君令而不改，奉我所立而不使廢除，這是我義不容辭的責任。」

管仲說：「我做為人君的臣子，是受君命奉國家以主持宗廟的，豈能為糾個人而犧牲？我要為之犧牲的是：國家破、宗廟滅、祭祀絕，只有這樣，我才去死。不是這三件事，我就要活下來。我活對齊國有利，我死對齊國不利。」

鮑叔說：「那麼我應該怎麼辦？」

管仲說：「你去接受命令就是了。」

鮑叔許諾，便出來接受任命，輔佐小白。

由此可見，管仲在小白還未就位之前，就看出他將來未必沒有成就。這一點上，管仲要比鮑叔、召忽更有遠見。

到了小白繼位成了齊桓公，經鮑叔籌劃管仲安全由魯國返回齊國。之前，齊國施伯對小白也有一番評價：「臣聞齊君惕而亟驕，雖得賢，庸必能用之乎？」施伯看不起齊桓公，認為齊桓公性急而極為驕傲，雖得賢才，也不一定懂得使用。正因為施伯的這番言論，魯國國君才放心地讓管仲返回了齊國，從而成就了齊桓公的春秋霸業。

比較施伯與管仲識人。施伯識人流於表面，只知齊桓公「惕而亟驕」，而不知齊桓公「有大慮」。而管仲識人則更全面，他曾說：「吾君惕，其智多誨，姑少胥其自及也。」在管仲看來，齊桓公性急，非屢經挫折不能覺悟，但終有悔悟的一天。事實也證明，管仲對齊桓公的評價是正確的。

「管仲識人」提醒我們，識人不能只流於表面，不能只憑自己的好惡妄下結論。從個人的主觀偏見出發來識人，就難以全面地認識一個人。

這一點對於領導者尤為重要。在識別人才時，若以個人好惡作為選人的標準，合乎自己心意者就是人才，不合乎者就是庸才。那麼，就容易出現溜鬚拍馬者圍在領導者左右，專挑上級喜歡的事情和話語來迎合上級的趣味和喜好的情形。久而久之，領導者就會憑自己的意志來識別人才，對有好感的人委以重任；而對與自己保持距離、印象不深的人，即使有真才實學，恐怕也不會委以重任。這樣，必將造成不良的後果。所以，選賢用能，必須把個人的感情置之度外，拋開自己的好惡，以整體利益為重，以事實為根據，以實踐為標準加以檢驗，如此才能選到真正的人才。

【吃古通今】

唐高宗時，大臣盧承慶負責對官員進行政績考核。

被考核的人中有一名糧草督運官，一次在運糧途中突遇暴風，糧食幾乎全被吹走了。盧承慶便給這個運糧官以「監運損糧考中下」的鑑定。

誰知這位運糧官神態自然，一副無所謂的樣子，腳步輕盈地出了官府。盧承慶見此便認為這位運糧官有雅量，馬上將他召回，隨後將評語改為「非力所能及考中中」。

可是，這位運糧官仍然不喜不愧，也不感恩致謝。原來這位運糧官早先是在糧庫打混做事的，對政績毫不在意，做事本來就鬆懈渙散，恰好糧草督辦缺一名主管，暫時將他做了替補。沒想到盧承慶本人恰是感情用事之人，辦事、為官沒有原則，二人可謂「志趣、性格相投」。

於是，盧承慶大筆一揮，又將評語改為「寵辱不驚考上」。盧承慶憑自己的觀感和情緒，便將一名官員的鑑定評語從六等升為一等，實可謂隨心所欲。

點評：

像盧承慶這種根據個人愛憎好惡、感情用事的做法，根本不可能反映下屬的真實政績，也失去了公正衡量下屬的客觀標準，勢必產生「愛而不知其惡，憎而遂忘其善」的弊端。聰明的領導者是不會這樣做的。

【延伸閱讀】

施伯進對魯君曰：「管仲有慧，其事不濟，今在魯，君其致魯之政焉。若受之，則齊可弱也；若不受，則殺之。殺之，以悅於齊也，與同怒，尚賢於已。」君曰：「諾。」魯未及致政，而齊之使至，曰：「夷吾與召忽也，寡人之賊也，今在魯，寡人願生得之。若不得也，是君與寡人賊比也。」魯君問施伯，施伯曰：「君與之。臣聞齊君惕而亟驕，雖得賢，庸必能用之乎？及齊君之能用之也，管子之事濟也。夫管仲天下之大聖也，今彼反齊、天下皆鄉之，豈獨魯乎！今若殺之，此鮑叔之友也，鮑叔因此以作難，君必不能待也，不如與之。」魯君乃遂束縛管仲與召忽。

——《管子．大匡》

施伯去對魯君說：「管仲是有智謀的，只是事業未成，現在魯國，您應把魯國大政委託給他。他若接受，就可以削弱齊國；若不接受，就殺掉他。殺他來向齊國示好，表示與齊同怒，比不殺更友好。」魯君說：「好。」魯國還沒有來得及任用管仲從政，齊桓公的使臣就到了，說：「管仲和召忽，是我的叛賊，我想要活著得到他們。如得不到，那就是魯君您和我的叛賊站在一起了。」魯君問施伯，施伯說：「您可以交還給他。我聽說齊君性急而極為驕傲，雖得賢才，就一定能使用嗎？如果齊君真的使用了，管子的事業就成了。管仲是天下的聖人，現在回齊國執政，天下都將歸順他，豈獨魯國！現在若殺了他，他可是鮑叔的好友，鮑叔藉此與魯國作對，您一定受不了，還不如交還給齊國。」於是魯君便把管仲、召忽捆起來準備送回齊國。

管子、召忽、鮑叔牙是好友。齊國動亂時，管子、召忽隨公子糾去了魯國，鮑叔牙隨公子小白去了莒國。動亂平息後，公子小白做了國君（即齊桓公），公子糾被殺，管子願意輔佐齊桓公，而召忽卻自殺身亡。

二　凡事應當機立斷

管子曰：「時至則為，過則去。」（語出《管子．國難》）時機到了就要有所作為，否則時機一過就再也沒有機會了。機不可失，失不再來。在機會到來的時候，要及時把握，不然機會一旦失去，再想尋找機會就不太可能了。其實，很多事情在最後成與不成，關鍵就在於是否更好地把握住了時機。

管子曰：「時卒則為，過則去。」

時機到了就要有所作為，否則時機一過就再也沒有機會了。

管子主張，凡事應該當機立斷。否則，機會就會一去不返。

那麼，為什麼大多數人都不能做到當機立斷呢？

管子認為，人之所以不能當機立斷是因為優柔寡斷的緣故。

據《管子．小匡》記載：

管仲拜相三日後，齊桓公找他談話：

齊桓公說：「我有三大惡行，還能把國家治理好嗎？」

管仲說：「我從來沒有聽說過您有什麼惡行。」

齊桓公說：「我不幸嗜好狩獵，不分白天黑夜地馳騁山林，打不到獵物絕不回朝，諸侯國的使者來了帶不回訊息，百官奏事無人批覆。」

管仲說：「這雖然不是件好事，但還不是最要緊的。」

齊桓公說：「我不幸嗜好飲酒，夜以繼日，諸侯國的使者來了見不到我，百官的請示無人批覆。」

管仲說：「這也不是好事，但是也不是最要緊的。」

齊桓公說：「我還有一大惡行，就是不幸嗜好女色，以致有姑妹至今還有未出嫁的。」

管仲說：「這也不是好事，但還不是最要緊的。」

齊桓公問：「這三者都可以，難道還有什麼不可以的事情嗎？」

管仲說：「人君唯有優柔寡斷和不奮勉為不可。優柔寡斷則無人擁護，不奮勉則不能成事。」

在管子看來，齊桓公好玩、好酒、好色固然不好，但也沒有優柔寡斷和不奮勉的危害大。

管子告訴我們，要做到凡事當機立斷，就必須改掉優柔寡斷的毛病。

所謂優柔寡斷，即是指在需要做出決定時總是猶豫不決、產生無休止的動機衝突，執行決定的時候又躊躇不前、遲疑不決。具有這種性格的人，往往懷疑所做決定的正確性和決定實現的可能性。

世間最可悲的就是那些優柔寡斷的人。他們對待任何事都是舉棋不定，猶豫不決。他們一生會有很多機會，但卻由於性格的缺陷而錯失良機。這樣的人既不相信自己，也不會為他人所信賴，更不會為他人所重用，他們總與成功無緣。

明白了這個道理，我們就應該去克服它。最好的方法就是要像成功者那樣，勇敢、果斷，對人生充滿自信。

管子提醒我們，做任何事情，只要認為是對的，一定要立刻去做，絕不拖泥帶水。這樣就遠離了優柔寡斷，具備了當機立斷的好習慣。

【延伸閱讀】

人君唯優與不敏為不可，優則亡眾，不敏不及事。

——《管子．小匡》

人君唯有優柔寡斷和不奮勉為不可。優柔寡斷則無人擁護，不奮勉則不能成事。

公子舉為人博聞而知禮，好學而辭遜，請使遊於魯，以結交焉。公子開方為人巧轉而兌利，請使遊於衛，以結交焉。曹孫宿其為人也小廉而苛忕，

足恭而辭結，正荊之則也，請使往遊，以結交焉。

——《管子．小匡》

公子舉為人見聞廣博而知禮，好學而言語謙遜，請派他出使魯國，以結國交。公子開方為人機變而銳利，可出使衛國，以結國交。曹孫宿，他的為人有小廉又有小明，十分謙恭而善於辭令，正合乎荊楚的風格，請派他去那裡，以結國交。

三　領導者不能事必躬親

管子曰：「獨任之國，勞而多禍。」（語出《管子・形勢解》）靠君主一個人來治理國家，必定自身勞累而遭禍患。

領導者，代表的是一個方向，要的應該是一種結果。領導能力表現在全局把握，並不體現在事必躬親。注重過程監督是必要的，但事無巨細都要過問，則犯了領導者的大忌。

管子反對君主事必躬親，《管子》一書中曾多次提到這一點。《管子．形勢解》中有：「獨任之國，勞而多禍。」靠君主一個人來治理國家，必定自身勞累而遭禍患。

《管子．七臣七主》中有：「盡自治其事，則事多，多則昏，昏則緩急俱植，不悟則見所不善，餘力自失而罰。」事事都自己處理，則事務繁多，事多則昏憒，昏憒則無論事之緩急都被擱置了，如不覺悟，則滿目瘡痍，而自己餘力耗盡，受到懲罰。

《管子．心術上》中有：「必知不言之言，無為之事，然後知道之紀。」必須清楚什麼是不該由自己去說的話，什麼是不用自己去做的事，然後才懂得治國之道的要領。

在管子看來，君主不應該憑藉自己的智慧和力量去治理國家，而應該憑藉賢明大臣的智慧和力量去治理國家，這才是正確的治國之道。

管子的這一智慧對於現代的領導者也是一種提醒：領導者不能事必躬親。所謂事必躬親，是指領導者什麼事都管，什麼事都抓，沒有巨細之分。這樣的領導者雖說十分負責任，但是這種責任心太寬，會讓其他的人感到不舒服。

事必躬親的唯一好處，也許就在於讓人敬佩領導者的責任心，但其弊端就太多了。概括而言，其弊端主要有以下幾點：

其一，使下屬的智慧與潛力得不到充分的發揮。因為本來屬於下屬分內的事，領導者代勞了，自己就不用花什麼心思了，而且自己想要有其他的做法還不行，這就阻礙了下屬的創新意識。

其二，領導者事必躬親，占用了自己的大量時間與精力，不利於自己集中力量對組織的全局性工作做深思熟慮的思考，其結果可能是抓住了芝麻，卻丟了西瓜。

其三，事必躬親會讓下屬產生一種不良的依賴習慣，什麼事都想等領導者親自來解決，從而導致下屬喪失了主動性。

其四，領導事必躬親，會使一些下屬產生厭惡的情緒。例如，下屬之間發生矛盾，本來可以自己解決，領導者自認為應該出面進行干涉，在不了解的情況下，可能會做出不公正的判斷，使遭到不公平待遇的下屬產生怨恨的情緒，工作積極性大減。

總之，領導者事必躬親的危害是巨大的。想要避免事必躬親，領導者就要懂得放權，自己從全局上把握，將細節的事情交給下屬去完成。也就是說，領導者在組織中發揮的應該是「腦」的作用，而不是「手」的作用。

【吃古通今】

迪士尼公司前執行長麥可．艾斯納是最典型的「事必躬親」的人物。

毋庸置疑，艾斯納曾經帶領迪士尼公司創造了傳奇般的發展速度，他使迪士尼公司成為了舉世矚目的媒體巨人，因而他也成為了迪士尼公司的第二個靈魂人物。後來，情形變得不妙，他被指責為好管閒事的「微型管理者」，且脾氣暴躁，無法留住人才，導致迪士尼公司經營狀況下滑。

艾斯納有著自己鮮明的管理特點。他事必躬親，親自閱讀劇本，參加每週的例會，時刻關注美國廣播公司的動態。在飯店設計中，他甚至親自挑選家具，「我和每一個油漆工、設計師都探討過。我看了建築師的四個設計方案，但它們看上去摩洛哥風格太濃，有些則是非洲的老一套。」這是他的一貫做法。也許他是一個富於創造力和總是精力充沛的總裁，但是，如果公司不能給有能力和才華的人以權力和自主，那麼它如何能吸引和留住這些精英們為之工作呢？很多人正是因為艾斯納的存在而感到生不逢時，轉投其他公司門下。「人們對放馬後砲和被打擊已經感到厭倦」，一位原製片廠主管如是說。其實，艾斯納的這種做事風格是很悲哀的。

點評：

一個人的能力再強，總不至於行行精通，所轄範圍之內業業熟悉。大凡事必躬親的人，如果能夠排除「瞎指揮」的嫌疑，頂多也只能算是業務本領高超，領導能力有限。真正的領導者，不一定自己能力有多強，只要懂信任，懂放權，懂珍惜，就能團結比自己更強的力量，從而提升自己的身價。

【延伸閱讀】

有道之君，正其德以蒞民，而不言智慧聰明。智慧聰明者，下之職也；所從用智慧聰明者，上之道也。

——《管子．君臣上》

懂得為君之道的君主，總是端正自己的道德來領導人民，而不是賣弄自己的智慧和聰明。表現智慧和聰明的，應當是臣下的職能；如何去使用臣下的智慧和聰明，才屬於為君之道。

明主之舉事也，任聖人之慮，用眾人之力，而不自與焉。故事成而福

生。亂主自智也，而不因聖人之慮；矜奮自功，而不因眾人之力；專用己，而不聽勸諫，故事敗而禍生。

——《管子．形勢解》

英明的君主做事，採用聖人的策劃，使用眾人的力量，而不用親自去辦。所以事成而得福。昏亂的君主自恃聰明，而不能運用聖人的策劃；自己逞能，而不依靠眾人的力量；一意孤行，而不聽正諫。所以事敗而生禍。

明主不用其智，而任聖人之智；不用其力，而任眾人之力。故以聖人之智思慮者，無不知也；以眾人之力起事者，無不成也。能自去而因天下之智力起，則身逸而福多。亂主獨用其智，而不任聖人之智；獨用其力，而不任眾人之力，故其身勞而禍多。故曰：「獨任之國，勞而多禍。」

——《管子．形勢解》

英明的君主不用他自己的智慧，而依靠聖人的智慧；不用他自己的力量，而依靠眾人的力量。所以，用聖人的智慧思考問題，沒有不了解的問題；用眾人的力量做事，沒有完成不了的事業。能做到個人放手而依靠天下人的智慧與力量推動國事，那就自身安逸而多得其福了。昏亂的君主獨用他個人的智慧，而不依靠聖人的智慧；獨用他個人的力量，而不依靠眾人的力量，所以他自身勞累而多遭禍患。所以說：「靠君主一個人來治理國家，必定自身勞累而遭禍患。」

四　用人當用所長

管子曰：「明主之官物也，任其所長，不任其所短。」

（語出《管子．形勢解》）

英明的君主授官任事，用人的長處，而避開人的短處。

金無足赤，人無完人。任何人都有長處與短處，對領導者來說，如何發現人的長處和調動人的長處，是一門值得研究的領導藝術。

管子曰：「明主之官物也，任其所長，不任其所短。故事無不成，而功無不立。」

意思是說，英明的君主授官任事，用人的長處，而避開人的短處。所以，事情沒有辦不成的，功名沒有不建立的。

管子認為，領導者對下屬的任用，必須用其所長而避其所短，充分發揮每一個下屬的才能。

在《管子．形勢解》中，管子有一個非常有趣的比喻：「爬高走險，是猿猴的長處而卻是人的短處。用猿猴的長處來要求人，其政令就會失效而任務不能完成。」

換言之，只有以人之所長來要求人，才有利於人的才能發揮；倘若以人之所短來要求人，必然一事無成。

管子這樣說，也是這樣做的。

管子在當宰相三個月後，與齊桓公評論百官時說：「升降揖讓有禮，進退熟悉禮節，說詞剛柔有度，我不如隰朋，請封他為『大行』。開發荒地使之成為城邑，開闢土地使之增產糧食，增加人口，盡土地之利，我不如寧戚，請封他為『大司田』。在平原廣郊之上，使戰車不亂，戰士不退，鼓聲一起而三軍視死如歸，我不如王子城父，請封他為『大司馬』。審判案件，調節紛爭，不妄殺無辜的人，不妄誣無罪的人，我不如賓胥無，請封他為『大司理』。敢於冒犯君主的龍顏，進諫必忠，不怕死，不貪圖富貴，我不如東郭牙，請立他為『大諫』。」

由此可見，管子主張，以人之所長，委任其能發揮所長的工作，如此才能各司其職，各盡所能，更好地把工作做好。

管子提醒領導者，在用人時必須堅持「用人所長，避其所短」的原則。用人，貴在善於發揮人才的長處，對其缺點的幫助教育固然必要，但與前者相比應居於次。而且幫助教育的目的，也是使其短處變為長處。如果只看短處，則無一人可用。因此，在人才選拔上，切不可斤斤計較人才的短處，而應發現其長處，有效地使用其長處。

【吃古通今】

《淮南子．道應訓》中記載：

楚將子發很愛結交有一技之長的人，並把他們招攬到麾下。有個其貌不揚，號稱

「神偷」的人，也被子發待為上賓。

有一次，齊國進犯楚國，子發率軍迎敵。交戰三次，楚軍三次敗北。子發旗下不乏智謀之士、勇悍之將，但在強大的齊軍面前，簡直無計可施。

這時神偷請戰。他在夜幕的掩護下，將齊軍主帥的睡帳偷了回來。

第二天，子發派使者將睡帳送還給齊軍主帥，並對他說：「我們出去打柴的士兵撿到您的帷帳，特地趕來奉還。」

當天晚上，神偷又去將齊軍主帥的枕頭偷來，再由子發派人送還。

第三天晚上，神偷連齊軍主帥頭上的髮簪子都偷來了，子發照樣派人送還。

齊軍上下聽說此事，甚為恐懼，主帥驚駭地對幕僚們說：「如果再不撤退，恐怕子發要派人來取我的人頭了。」

於是，齊軍不戰而退。

點評：

一個團隊總是需要各式各樣的人才。人不可能每一方面都出色，但也不可能每一方面都差勁，再遜的人總有一方面較他人之長。一個成功的領導者不在於他自己能做多少事情，而在於他能很清楚地了解每一個下屬的優缺點，並在適當的時候，派「遜色」的員工去做他們擅長的事情。

【延伸閱讀】

明主之治天下也，必用聖人，而後天下治。

——《管子．形勢解》

英明的君主治理天下，一定任用聖人，而後天下得到治理。

明主之官物也，任其所長，不任其所短。故事無不成，而功無不立。亂主不知物之各有所長所短也，而責必備。夫慮事定物，辯明禮義，人之所長，而蝚蝯之所短也；緣高出險，蝚蝯之所長，而人之所短也。以蝚蝯之所長責人，故其令廢而責不塞。

——《管子．形勢解》

英明的君主授官任事，用人的長處，而避開人的短處。所以，事情沒有辦不成的，功名沒有不建立的。昏庸的君主不懂得事物都各有所長又各有所短，而求全責備。比如考慮事情謀定計劃，辨明禮義，是人的長處而卻是猿猴的短處；爬高走險，是猿猴的長處而卻是人的短處。用猿猴的長處來要求人，其政令就會失效而任務不能完成。

五　人才的評價準繩

管子曰：「苟大意得，不以小缺為傷。」（語出《管子・宙合》）

如果總的意向能實現，就不以小的缺失為妨害。

領導者對待下屬，不能因為他的一個錯誤、一個過失，就對他全盤否定、棄之不用。否則，不但會造成人才的浪費，而且會影響自己的威信，甚至會使人才因不滿而另謀高就。

管子在〈宙合〉中，有一個非常有趣的比喻：

管子說：「鳥的飛行有一定的目的，這是說偉大人物的生活義理。鳥無論怎樣飛翔，都需返回山林，停集谷中。因為不返回山林就會疲困，不停集谷中就會死亡。山林與幽谷之處，不一定平坦筆直，因此，其飛行路線難免有曲折，但大方向卻是端直的。只要能達到目的就行，不必過於苛求。又如鳥從北邊起飛，想到南邊就到了南邊；從南邊起飛，想到北邊就到了北邊。」

管子藉由鳥的飛行方式，來比喻人才的評價準繩。

管子接著說：「如果總的意向能實現，就不以小的缺失為妨害。因此，千里之路，不可能用繩子把它定直；萬戶之城，不可能用水平儀來取平。舉大事之人，其行動不必以常例來規範，道理成立就可稱作賢。所以君主在考核臣下時，不可以丟掉這個方法。」

在管子看來，「金無足赤，人無完人」，考評人才也罷、使用人才也好，不能以一事或一時的得失給人以定論。如果以一事的失敗來否定一個人的能力，甚至棄之不用，不僅會造成人才的浪費，而且會打擊人才的積極性。

齊桓公善於聽取臣下的意見，他對管仲所提出的「鳥飛準繩」的原則十分欣賞。

據《管子》一書描述，齊桓公將「鳥飛準繩」的原則作為考評人才和使用人才的準則。齊桓公選拔人才、考評人才，其期限為一年，一年的考察期就是允許人有小的過失，只要能舉大事，不在乎小節。相反，如果出點小錯就棄之不用，就會失去真正的人才。

「人非聖賢，孰能無過」，誰都有犯錯的時候，即使是最得力的下屬，或是極其細心的人，也有疏忽大意的時候，因此，對於下屬偶然的失誤，應適當給予諒解，允許下屬犯些小錯。

當然，允許下屬犯錯誤，並不是放任自流，領導者應該用善意的態度去找犯錯的下屬談話，使下屬在談話後下決心不再犯類似的錯誤。

可事實如何呢？生活中許多人碰到這種情況時，往往狠狠地訓斥犯錯誤的下屬，其結果是使下屬懷有怨恨之心，領導者也會因此而失去威信。如此看來，領導者對於犯錯的下屬倒不如予以指導，用心關愛他們，使他們信服。

領導者要有容人之量，只要下屬不是犯了無法原諒的錯誤，知錯能改，且有長進，那麼就應該相信他們會成為自己稱職的下屬。

總之，管子「鳥飛準繩」、「苟大意得，不以小缺為傷」的主張，對於現代人力資源管理是一條重要的準則，是現代領導管理者需要認真對待和重視的。

【吃古通今】

小葉是某公司總經理的祕書，她剛進公司不久就犯了一個錯誤。在一次公司召開的重要會議上，由於她一時疏忽，未將總經理的文案整理齊全，以致那位總經理的發言沒有取得良好的效果。會後，小葉心裡非常緊張，害怕總經理會訓斥她。

然而，事情並未像她想像得那樣嚴重。總經理找她談話時，並沒有對她進行嚴厲地批評，而是心平氣和地對她說：「這次文案沒有整理好，你不用解釋，我認為肯定有你的原因，但你要認真對待你的工作，但願下次你會做好。」

這位總經理知道，小葉剛開始工作，肯定會有生疏的地方，有不精通的業務，因此也難免會出一些差錯。事實上，他對小葉的錯誤給予了諒解，給予了鼓勵。總經理的話讓小葉覺得很內疚，也很感激，是總經理給予了她信心、勇氣，她下決心以後要更加努力工作。

點評：

聰明的領導者能允許下屬犯錯，不吝惜為他們「交學費」。這樣，他們不但為自己樹立了威信，更讓下屬在跌倒爬起的過程中迅速成長。

【延伸閱讀】

鳥飛準繩，此言大人之義也。夫鳥之飛也，必還山集谷；不還山則困，不集谷則死。山與谷之處也，不必正直，而還山集谷，曲則曲矣，而名繩焉。以為鳥起於北，意南而至於南；起於南，意北而至於北。苟大意得，不以小缺為傷。

——《管子．宙合》

鳥的飛行有一定的目的，這是說偉大人物的生活義理。鳥無論怎樣飛翔，都需返回山林，停集谷中。因為不返回山林就會疲困，不停集谷中就會死亡。山林與幽谷之處，不一定平坦筆直，因此，其飛行路線難免有曲折，但大方向卻是端直的。只要能達到目的就行，不必過於苛求。又如鳥從北邊起飛，想到南邊就到了南邊；從南邊起飛，想到北邊就到了北邊。如果總的意向能實現，就不以小的缺失為妨害。

「鳥飛準繩」的大意是鳥飛行的路線不一定是直的，但只要方向正確，就一定能到達目的地。這對我們的人生也有借鑑意義，每個人在自己的人生道路上，都會有夢想和追求，在實現夢想的過程中，難免會遇到挫折，但如果大的方向是正確的，不怕困難挫折，夢想就一定能實現。

六　不得罪於小人

管子曰：「寧過於君子，而毋失於小人。」（語出《管子・立政》）

寧可有過於君子，而不可有失於小人。

那些行事光明磊落的人，你得罪了他，他不會和你斤斤計較，更不會暗地裡惡意中傷；而那些小人卻會睚眦必報，表面上與你和和氣氣，暗地裡卻傷害你。

管子在《立政》中說：「寧過於君子，而毋失於小人。」

寧可有過於君子了，而不可有失於小人。

管子為什麼這麼說呢？

管子說：「過於君子，其為怨淺；失於小人，其為禍深。」

管子認為，有過於君子，帶來的怨恨淺；有失於小人，帶來的禍亂深。

也就是說，得罪德行卑劣的小人，必然帶來嚴重的禍亂。

小人記仇，報復心極強，而且深深埋藏在心底，甚至深入骨髓，須臾不忘，等機會一到，立刻跳出來，睚眥必報。即使你對小人有恩，小人也認為你是應該的、合理的、自然的。小人的胃口很大，你對他的好處根本不看在眼裡，更不放在心上。假如你有一點沒有滿足小人的要求，報復不知何時就會落到你的頭上。

而君子就不同了。君子坦蕩蕩，你可以拒絕他的要求，他微微一笑，知道你有難處，十分理解。君子有缺點，你指出來，他感謝不盡。與君子交朋友，可以坦露心扉，不用有戒心。對小人千萬不可。雖然你不必過於緊張，但是一定要有一種保護自己的好辦法，儘量不讓小人接近你。

假如實在沒辦法必須與小人共事，必須記住：「待小人要寬，防小人要嚴。」少說多聽，不輕易許諾，不輕易褒貶他人，對小人的缺點千萬不要批評，沒有事不要與小人交往，特別不要到小人家裡串門子，也儘量不讓小人來自己家走動。對小人的要求，能辦的一定要辦，不能辦的一定婉言謝絕，千萬不要留下似是而非的話題。對小人要禮而敬之，敬而遠之，不去招惹他，更不要與小人開玩笑。須知，小人會翻臉不認人，甚至會把開玩笑的話當成真的，從而給你穿小鞋、暗中耍弄手段。

當然，管子告誡我們「寧過於君子，而毋失於小人」，並非鼓勵你去得罪君子而害怕小人，他說的是小人的可怕與可惡。如果不小心得罪了君子，只要你也是君子，該道歉時則道歉，很容易握手言和；如果你不願意道歉，認為「君子大度能容」，得罪了也無所謂，你就難免有小人之嫌了。

【吃古通今】

北宋開國名將曹彬為人誠實，寬厚仁義，尤以御將有方而為世人稱道，史稱「氣質淳厚」。其實，曹彬對付小人也很有一套。

有一次，宋太祖趙匡胤任命曹彬為主將，率軍征討南唐，臨行前，太祖交給他一把尚方寶劍，說：「副將以下，不聽命者斬之。」接著又問曹彬還有什麼要求。曹彬說：「請求皇上恩准，調用將軍田欽祚擔任另一路的前敵指揮官。」這一請求弄得部下們莫名其妙，因為大家都知道，這個田欽祚既狡猾又貪婪，愛爭功名，最讓人討厭的是愛在背後打小報告。這樣的人，大家躲都來不及，為什麼還要把他弄到軍中呢？

曹彬事後曾對心腹言明此中道理：「此番南征，任務艱巨，時間會很長，需要朝中群臣的全力支持，自己領兵在外，若朝中有人不斷進讒言搗亂，這很有可能壞了大事，而這個田某則極有可能是這樣的角色；要防他，最好的辦法就是把他放到自己的眼皮底下，派他一點用場，分他一點功勞，堵住他的嘴；再者，還有尚方寶劍嘛，不怕他鬧事。」

這樣一說，心腹才明白曹彬的深遠用意，連稱高明。

點評：

君子講原則，小人不講原則；君子在明處，小人在暗處；君子常常散兵游勇孤軍奮鬥，小人則往往拉幫結派兵團作戰；君子光思索事不思索人，小人光思索人不思索事……因此，對小人必須謹慎。

【延伸閱讀】

寧過於君子，而毋失於小人。過於君子，其為怨淺；失於小人，其為禍深。

——《管子．立政》

寧可有過於君子，而不可有失於小人。有過於君子，帶來的怨恨淺；有失於小人，帶來的禍亂深。

國有德義未明於朝而處尊位者，則良臣不進；有功力未見於國而有重祿者，則勞臣不勸；有臨事不信於民而任大官者，則材臣不用。

——《管子．立政》

在一個國家裡，如果有人德義未著稱於朝廷而爵祿崇高，賢良的臣下就得不到進用；有人功績不顯於全國而俸祿優厚，勤奮的臣下就得不到鼓勵；有人辦事不取信於民而身居要職，有才能的臣下就不會努力。

七　與人交往必須真誠

管子曰：「與人交，多詐偽無情實，偷取一切，謂之烏集之交。」

（語出《管子．形勢解》）

與人交往，多詐偽無真誠，私自謀取一切，叫做烏鴉般的交情。

巧詐不如拙誠。做一個真誠的人，會讓人時時感到身心輕鬆，也會使人一直為一種愉悅的氛圍包圍著。

管子曰：「與人交，多詐偽無情實，偷取一切，謂之烏集之交。烏集之交初雖相歡，後必相咄。故曰：『烏集之交，雖善不親。』」

意思是說，與人交往，多詐偽無真誠，私自謀取一切，叫做烏鴉般的交情。烏鴉般的交情最初雖然親密，後來一定反目。所以說：「烏鴉般的交情，看起來雖然友善但並不親密。」

一想起烏鴉，人們往往就沒有好感。烏鴉鳴聲簡單粗厲，外出覓食常常成群結隊，看起來十分團結，可覓得食物，牠們又互相爭鬥，都想多分一點。

管子借烏鴉諷刺那些以利聚合、不以誠相待的人，認為他們的交情一定不能長久。

管子指出，與人交往必須真誠。

真誠，是打開人們心扉的鑰匙，也是獲得人們好感的極佳途徑。

真誠的人，從不會違心地做事，巧妙地應付，更不會陰險地欺騙。每時每刻，他們都在心中為真誠保留一個最溫馨最美麗的位置。他們知道，只有真誠的愛，才能撫慰那些孤寂失望的心靈，只有真誠的關心和幫助才能使那些陷入困境的人獲得新生的力量，只有真誠才能感動那些已經冷漠的心，也只有真誠才能讓生活多一分寬容、多一分友愛、多一分和諧、多一分溫暖、多一分美麗、多一分關注和理解。

一個待人不能真誠的人，絕不可能得到真誠的回報。因為「以誠感人者，人亦以誠相應」，也就是說，要想別人真誠待你，你就應該首先主動真誠地去對待別人。

有的人對真誠待人抱持懷疑或否定態度，理由是：我真誠待人，人若不真誠待我，那我豈不是很傻、很吃虧？

不能否認，生活中有這樣的人：虛偽、狡詐、陰險，一肚子壞心眼，玩弄他人的真誠，戲弄他人的善良，算計他人的毫無防備，蹂躪他人的真情實意，以怨報德、以惡報善。

但是，這種人在生活中畢竟是極少數，當他們的嘴臉充分暴露後，必將被眾人指責和唾棄，被群體厭惡和排斥。

因此，當我們的善良和真誠被心懷叵測的人愚弄之後，吃虧更多、損失更大的並不是自己，而是對方。傷人的人在承受你忿恨的同時，還要承受他人的蔑視以及被群體排斥的孤獨。

做人必須真誠。其實，真誠並不難做到，只要與別人交往時說真話、辨真事、抒真情，在別人跌倒時伸出援手，在別人沮喪時給他一個微笑……你便能遠離虛假和欺騙，成為一個真誠的人。

【吃古通今】

北宋詞人晏殊，素以誠實著稱。在他十四歲時，有人把他當作神童舉薦給皇帝。皇帝召見了他，並要他與一千多名進士同時參加考試。結果晏殊發現，考題是自己十天前剛練習過的，就如實向真宗報告，並請求改換其他題目。宋真宗非常讚賞晏殊的誠實品格，便賜給他「同進士出身」的功名。

晏殊當職時，正值天下太平。於是，京城的大小官員便經常到郊外遊玩，或在城內的酒樓茶館舉行各種宴會。晏殊家貧，沒錢出去吃喝玩樂，只好在家裡和兄弟們讀寫文章。

有一天，宋真宗提升晏殊為輔佐太子讀書的東宮官。大臣們非常驚訝，不明白真宗為什麼做出這樣的決定。宋真宗說：「近來群臣經常遊玩飲宴，只有晏殊閉門讀書，如此自重謹慎，正是東宮官合適的人選。」晏殊謝恩後說：「我其實也是個喜歡遊玩飲宴的人，只是家貧而已。若我有錢，也早就參與宴遊了。」

這兩件事，使晏殊在群臣面前樹立起了信譽，而宋真宗也更加信任他了。

點評：

真誠，不但是做人的準則，也是處世的智慧。古人云：「百心不可得一人、一心卻可得百人。」你待人以善意，別人以善意相報；你待人以真誠，別人以真情回饋。這也就是我們經常所說的「將心比心」、「以心換心」。

【延伸閱讀】

聖人之與人約結也，上觀其事君也，內觀其事親也，必有可知之理，然後約結。約結而不襲於理，後必相倍。

——《管子．形勢解》

聖人與別人結交，對上看他如何侍奉君主，對內看他如何侍奉父母，一定要有充分的理由，然後才與他結交。結交如果不是基於理義，後來一定會背叛。

常以言翹明，其與人也，其愛人也，其有德於人也，以此為友則不親，

以此為交則不結，以此有德於人則不報。

——《管子．形勢解》

常用語言表明他對人友好，對人友愛，對人有德，以此交友就不會親近，以此交往就不會結好，以此施德於人就不會贏得報答。

與不肖者舉事，則事敗；使於人之所不能為，則令廢；告狂惑之人，則身害。

——《管子．形勢解》

與不肖者共同舉事，則事情失敗；使人做力所不能及的事情，則命令失效；把事理告知狂惑之人，則身受其害。

烏鳥之狡，雖善不親；不重之績，雖固必解。

——語出《管子．形勢》

烏鴉之類的交情，看起來友善，其實並不親密；沒有多打幾道的繩結，看起來牢固，也一定會鬆開。

人與人之間要用心去交往，你為對方付出真心，對方也會對你付出真誠。

人不是孤立的個體，在生活和工作中我們需要去交流，去感受，當別人需要幫助的時候，我們伸出熱情的雙手為他們提供方便，這樣，在感動對方的同時，也會給自己增添快樂。

八　視時間如生命

管子曰：「昔之日已往而不來矣。」（語出《管子‧乘馬》）

過去的時光一旦消逝，就不會再回來了。

生命只有一次，而人生是時間的累積。若讓今天的時間白白流逝，就等於毀掉了人生中重要的一頁。因此，我們必須珍惜時間如同珍惜生命。

管子曰：「時之處事精矣，不可藏而舍也。故曰：今日不為，明日亡貨。昔之日已往而不來矣。」

時間對於生產是寶貴的，不可能把它儲藏起來，使它停止不前。所以說，今天不進行生產，明天就沒有財貨。過去的時光一旦消逝，就不會再回來了。

管子提醒我們，必須珍惜時間。

時間是平凡而常見的，它從早到晚都在一分一秒地運行，無聲無息；而時間又是寶貴的，是每個人生命中最寶貴的東西。

我們一定要記住時間的重要性，在學習、工作和生活中，重視我們的時間，就如同重視我們的生命。

自古以來，大凡取得成就的人，沒有一個是不珍惜時間的。大發明家愛迪生，一生中共完成兩千多項發明，之所以有如此成就，正是因為他抓住了分分秒秒的時間進行複雜的研究。偉大的文學家魯迅先生有句格言：「（我）哪裡是天才，我是把別人喝咖啡的時間都用在工作上。」魯迅為我們留下了六百多萬字的精神財富，正是由於他把別人喝咖啡的時間都用在了寫作上的緣故。數學家陳景潤，夜以繼日，潛心研究數學難題——哥德巴赫猜想，光是演算的草稿就有幾麻袋，但終於證明了這道難題，摘下了數學皇冠上的明珠。這些事例都生動地說明了：一個人要想有所成就，就必須愛惜時間。

在時間面前，每個人都是平等的。人人都擁有時間，但時間對每個人的作用又是不同的，我們應懂得時間的重要性，知道時間就與生命一樣寶貴。

生命由時間組成，時間就是生命。時間是一種既不能停止，也不能逆轉，不能貯存，也不能再生的特殊資源，是一種一次性的消耗品。當我們年老時，面臨死亡的威脅時，我們才對失去的生命感到惋惜，對時間的浪費感到後悔，然而又有什麼意義呢？

因此，我們一定要珍惜時間，在每一個極短的時間單位裡，讓時間發揮出無窮的威力，就像珍惜生命一樣珍惜時間，把我們的一生鑄造得更輝煌、更有意義。

【吃古通今】

巴爾札克原本是個學法律的律師，但是，有一天他卻向家裡突然宣布想當一個作家。他的父母堅決反對，還聯合了他們所有的親戚朋友來反對他。尤其是他的母親，堅決認為巴爾札克的寫作給家庭帶來了恥辱。在長時間的激烈爭論後，他們這個家庭達成了小資產階級獨特的折衷——巴爾札克可以走他的路，但這條路怎麼走完全是他自己的事。父母在未來兩年內向他未經證實的能力付一點補貼，倘若兩年期滿他未能如願，那就請他毫不遲疑地回到律師事務所中去。

經過周密的計算，按最低生活標準，巴爾札克的父母同意每月提供一百二十法郎，即一天四法郎，做為他們兒子在未來跋涉中的生活費。

巴爾札克非常珍惜自己的每一天，幾十本書從圖書館中被借了出來，放在桌上研讀。巴爾札克有生以來頭一次為自己規定了一件固定的工作，沒有任何事物可以阻止他。他經常三四天不離開屋子，沒日沒夜地在桌上筆耕。如果出門的話，那也只是替他疲勞過度的神經補充一點刺激——買些咖啡、麵包和水果。他一連好幾天在床上寫作，只是為了可以節省時間。整個創作季節裡，公園、遊樂場、餐館和咖啡館都離他很遠。

兩年後，巴爾札克終於憑藉自己的本事，拿到了第一筆稿費，並從此一發而不可收拾，成為法國歷史上最偉大的批判現實主義作家。

點評：

曹操〈短歌行〉嘆：「人生幾何？」漢武帝〈秋風辭〉以及杜甫〈漢陂行〉都說過：「少壯幾時兮奈老何？」陶淵明也有詩句：「玄鬢早已白。」司馬光勸誡人們說：「我勸你們趁早努力修行有所作為，不要等到將來後悔。」人生短暫，在這短暫的人生中，我們應該珍惜屬於自己的短暫的時間，努力有一番作為。

【延伸閱讀】

聖人之所以為聖人者，善分民也。聖人不能分民，則猶百姓也。於己不足，安得名聖？是故，有事則用，無事則歸之於民，唯聖人為善托業於民。民之生也，辟則愚，閉則類。上為一，下為二。

——《管子．乘馬》

聖人之所以成為聖人，就是因為他們善於分利於民。聖人不擅長分利於民，就和普通百姓一樣了。自己總是貪而不足，怎麼能算是聖人呢？所以，國家有事就取用於民，無事就藏富於民，只有聖人才善於把產業寄託於人民。人的本性，越是開導就越是通情達理，越是堵塞就越是悖逆。上面提供一個，下面就會回敬兩個。

九　做人做事的四個禁忌

管子曰：「不為不可成，不求不可得，不處不可久，不行不可復。」（語出《管子．牧民》）

不做辦不到的事，不追求得不到的利，不占據待不長久的地位，不做不可再行的事情。

生活中，做人做事有一定的禁忌。觸犯了這些禁忌，就會人做不好、事辦不成；反之，遠離了這些禁忌，就會做個好人、凡事順利。

管子在《牧民》中，為我們指出了做人做事的四個禁忌：

（一）不做辦不到的事

管子曰：「不為不可成。」不做辦不到的事。

承擔辦不到的事，就會「力微重負」，即自身的能力弱小，卻要承擔重大的責任或使命。一個人的能力是有限的，不知道這一點，硬是去承擔自己力不能及的事情，這顯然是吃力不討好。讓一個有勇無謀之士統領三軍，讓一個外行授業解惑等，都是超出了其能力範圍，輕則損己，重則損人，甚至有損社會。

承擔辦不到的事，還可能失信於人。你明明辦不到，卻為了面子而答應別人。別人自然會指望你，當他發現你輕許諾言時，就會非常失望，以後再也不會相信你。失信於人是為人處世的大忌。

（二）不追求得不到的利

管子曰：「不求不可得。」不追求得不到的利。

追求得不到的利，就是貪婪。

貪婪是產生罪惡的根源之一，人一旦貪心過重，就會心術不正，就會為貪欲所困，離開事物的本來之理去行事，就會將事情做壞、做絕，大禍也就隨之而來。所以，必須摒棄貪婪之心。

其實，人都有欲望，但欲望太多反而成了累贅，還有什麼比擁有淡泊的心胸，更能讓人感到充實滿足的呢？選擇淡泊，就能遠離貪婪。

(三) 不占據待不長久的地位

管子曰：「不處不可久。」不占據待不長久的地位。

在管子看來，不占據待不長久的地位，就是不貪圖一時的僥倖。一個人能力不足、品德敗壞，卻憑一時的僥倖占據高位，也許他能隱瞞一時，但終有暴露的那一天。當事情敗露之時，就是他最狼狽的時候。

所以，人必須有真才實學、高尚品德，如果自己能力不夠、修養不好，就必須努力學習、加強修養。

不過，在還不具備占據某一職位的能力和品行時，管子勸我們，還是不要占據這一職位為好。

（四）不做不可再行的事情

管子曰：「不行不可復。」不做不可再行的事情。

之所以不可再行，管子告訴我們，是由於欺騙別人的緣故。

一個人欺騙了別人，或許能使自己得到某些好處，但卻永遠失去了別人的信任。而且欺騙別人的人，會時常為自己的不道德行為所內疚，終生不得安寧；欺騙了別人之後，終日還會誠惶誠恐，害怕別人會揭穿了自己騙人的伎倆，讓自己在眾人面前出醜，或擔心別人會拿起法律的武器，讓自己受到懲罰。

所以，做人必須誠實。一個誠實的人，說到做到，不隱瞞、不說謊，實事求是。誠實不僅是自己人格的體現，還能贏得他人的尊敬。

【吃古通今】

戰國時，齊國有一位喜歡尋歡作樂的國君叫齊宣王。他派人到處尋找能吹善奏的樂工，組成了一支規模很大的樂隊。齊宣王尤其愛聽用竽吹奏的音樂，每次演出的排場都不小，總要集中三百名樂工一起吹奏。

有個遊手好閒、不務正業的南郭先生，知道齊宣王樂隊的待遇很優厚，就一心想混進這個演奏團隊。可是他根本不會吹竽，不過他知道齊宣王喜歡所有的樂工一起演奏，自己若是混在裡頭，裝裝樣子，充充數，誰看得出來？

南郭先生終於千方百計地加入了這支樂隊。每當樂隊演奏時，他就學著別人東搖西晃，有模有樣地「吹奏」。由於他學得唯妙唯肖，好幾年過去了，居然也沒露出破綻。

直到齊宣王去世後，他的兒子齊王繼承王位。齊王和他的父親一樣，也喜歡聽竽。但是他卻不喜歡合奏，而愛聽獨奏。他要求樂工們一個個輪流吹奏給他聽。這下子，冒牌充數的南郭先生可緊張了，他的心裡七上八下的，眼看就要露出馬腳了，欺君犯上的罪名，他可擔當不起啊！只好趕緊收拾行李，慌慌張張地溜走了。

點評：

「濫竽充數」這句成語是貶義的，比喻沒有真才實學，卻混在行家裡頭，謀得一個職位混日子。但假的總是假的，無論偽裝得多麼巧妙，總有暴露的那一天。「濫竽充數」者其內心必定非常緊張、徬徨，倒不如像管子所說「不占據待不長久的地位」，如此反而心安理得。

【延伸閱讀】

不為不可成，不求不可得，不處不可久，不行不可復……不為不可成者，量民力也；不求不可得者，不強民以其所惡也；不處不可久者，不偷取一時也；不行不可復者，不欺其民也。

——《管子．牧民》

不做辦不到的事，不追求得不到的利，不占據待不長久的地位，不做不可再行的事情……不做辦不到的事，就是要度量民力；不追求得不到的利，就是不強迫人民去做他們厭惡的事情；不占據待不長久的地位，就是不貪圖一時僥倖；不去做不可再行的事情，就是不欺騙人民。

政之所興，在順民心；政之所廢，在逆民心。

——《管子．牧民》

政令所以能推行，在於順應民心；政令所以廢弛，在於違背民心。

以家為鄉，鄉不可為也；以鄉為國，國不可為也；以國為天下，天下不可為也。以家為家，以鄉為鄉，以國為國，以天下為天下。

——《管子．牧民》

按照治家的要求治理鄉，鄉不可能治好；按照治鄉的要求治理國，國不可能治好；按照治國的要求治理天下，天下不可能治好。應該按照治家的要求治家，按照治鄉的要求治鄉，按照治國的要求治國，按照治天下的要求治理天下。

古人云：「事有可為者與不可為者，可為者為之，不可為者避之。」

生活中，我們每一個人都應該學會思考，知道什麼「可為」，什麼「不可為」。

十　成功之後謹防鬆懈

管子曰：「無成有貴其成也，有成貴其無成也。」（語出《管子・白心》）

無成就者固然重視成就，有成就者更應重視尚無成就的本色。

成功是件好事，但成功易使人迷失自己。所以，成功之後，一定要謹防鬆懈，居安思危。

《管子．白心》中有：「日極則仄，月滿則虧。極之徒仄，滿之徒虧，巨之徒滅。孰能己無己乎？效夫天地之紀。」

太陽到了最高點後就會走向傾斜，月亮到了最圓滿後就會走向虧缺。最高的要走向傾斜，最滿的要走向虧缺，最巨大了就將走向滅亡。誰能把自己忘掉呢？學一學天地的運行法則吧。

管子用「日極則仄」、「月滿則虧」來提醒我們，成功後必須謹防鬆懈。成功是件好事，但成功往往又會導致壞的結果。勝利如果稍不留神，就會走向失敗。正如盛極必衰、月圓月缺、否極泰來。

一個人在功成名就之後，往往沉浸在成功的喜悅中，容易不思進取、止步不前，那麼他的成功就會像轉瞬即逝的流星，雖然燦爛，卻很短暫；一個人在功成名就之後，也容易驕狂起來，不再約束自己，並自以為從此天下太平，就放鬆了警惕，那麼剛一開始出現的問題會被掩蓋起來，最後積少成多，積小成大，亂子就來了。

管子告誡我們，要居安思危，萬事不可能一勞永逸。

所以，管子說：「無成就者固然重視成就，有成就者更應重視尚無成就的本色。」

也就是說，功成名就之後，要約束自己，要保持一顆平常心。功成名就之後，不可忘乎所以，仍要小心謹慎，時時提防。

唯有如此，成功才是一件好事。

今天是勝利者，但沒有人敢保證明天還能贏得勝利。明智的人懂得時時保持謹慎，警覺到明天可能出現的不利因素。

因此，成功之後切忌沾沾自喜。因為成績只能說明過去，現在一切應從零開始。再者，成功只是相對而言，世界上沒有絕對的成功、永遠的成功。所以，智者說：我們要從勝利走向勝利。

其實，從勝利走向勝利，就是要告別過去，一切從零開始。

重新開始，即使你已經有了成功的經驗，但你仍要量力而行，有節有制；在決定勝利的那一瞬間，仍要把握時機，斷然前行；在成功之後，仍要小心謹慎，不要讓勝利矇住了雙眼。

成功之後仍然保持理智，這是智者的行為。量力、待機、斷然前行，你又會走向新的成功。

【吃古通今】

一九六八年，瑞士占據了全世界手錶市場六五%的占有率，獨享世界手錶市場八〇%以上的利潤。然而在上個世紀末，日本卻在世界手錶業中占據著統治地位。

為什麼瑞士這樣快就被日本摧垮了呢？

答案也許會讓你人吃一驚：是瑞士人的成功導致了瑞士人的失敗！

一九六七年，當瑞士研究人員提出他們的發明——石英錶時，遭到了瑞士本土眾多廠商的嘲笑和拒絕：這種新型手錶上沒有任何滾珠，沒有任何齒輪，沒有任何發條，這樣的東西怎麼可能配得上被稱為「手錶」呢？

當時瑞士的眾多手錶製造商，對他們「昨天」的手錶是那麼的自信，甚至根本就沒對這種新想法加以保護。

後來當瑞士的科學研究人員在手錶博覽會上展出這種手錶時，一個名叫精工的日本鐘錶製造商從石英手錶展臺前走過，看了幾眼，回去後很快批量生產推向市場。由於石英錶物美價廉，所以很快就風靡全球。

歷史就這樣被日本商人改寫了。

點評：

瑞士商人正是由於不思進取、盲目自大而失去了再一次成功的機會。想一想這個教訓，我們需要時刻警醒自己：昨日的一切已經過去，千萬別被昨日的成功擋住了自己的視線。昨日是作廢的支票，只有今日才是法定的貨幣，並且，只有在今天才具有流通的價值。過分留戀昨天，只能是將今天也失去。

【延伸閱讀】

兵之出，出於人；其人入，入於身。兵之勝，從於適；德之來，從於身。

——《管子・白心》

軍隊的出擊，只能出於他人的不義；他人的入降，則要將他人視為一體。戰爭的勝利，只能讓敵人屈服；以道德教化別人，才能使他人真正歸從於自己。

人言善亦勿聽，人言惡亦勿聽。

——《管子．白心》

人們說好，不輕易聽信；人們說不好，也不輕易聽信。

無以旁言為事成，察而徵之，無聽辯，萬物歸之，美惡乃自見。

——《管子．白心》

不要把道聽途說當成事實，進行觀察與考證，不聽信任何巧辯，把萬事萬物歸併到一起，相互比較之下，美、惡就自然顯現出來了。

自知曰稽，知人曰濟。

——《管子．白心》

只了解自己的心願，依此行事叫做「稽」；能了解他人的心願，依此行事叫做「濟」。

十一　領導者切忌結黨營私

管子曰：「先王不約束，不結紐。」（語出《管子・樞言》）

先王不搞小圈圈，不拉幫結派。

領導者必須明白：當你親近一些人時，你也就疏遠了另一些人。因此，做為領導者，公平對待下屬十分重要。

管子曰：「先王不約束，不結紐。」

先王不搞小圈圈，不拉幫結派。

那麼，為什麼要這樣做呢？

管子曰：「約束則解，結紐則絕。」

也就是說，搞小圈圈就會散開，拉幫結派就會斷裂。

管子反對結黨營私、搞小團體。他認為，這樣就會使上下級不能團結一致，使賞罰失去效用。之所以賞罰失去效用，是由於賞罰不公正。

然而，在現實生活中，就是有些領導者熱衷於拉幫結派、搞小團體，凡是和自己關係密切的人就提拔，而不管其是否有真才實學，譬如利用老鄉、校友等各種關係在組織內部形成一個個小圈圈。而凡是和自己過不去的，或不屬於這個小圈圈範圍內的，能拉則拉，拉不攏就給其穿小鞋示以顏色。這使得有一批人依仗領導者的權勢，心安理得地在組織裡只拿工資不辦實事。

在這種環境下，即使有一些積極肯做事的下屬，由於他們不會溜鬚拍馬，就被晾在一邊，做事也就失去積極性。結果在組織上下形成了一種壞風氣，好人受氣，小人神氣，組織大事沒人管，小事互相推。更有甚者，為非作歹，損公肥私，誰要阻撓或得罪他們，他們就會利用各種機會來報復。

結黨營私、搞小團體的另一種表現就是，領導者在與下級關係的處理上，凡是自己的人，則放棄原則，有了錯誤就隱瞞，或大事化小、小事化無。而對跟自己作對的人，則是小題大作、猛抓辮子，大搞抹黑詆毀，欲趁機置人於死地。

圈子外的人有了成績，就冒名頂替，邀功請賞，大肆宣揚，唯恐別人不知，對待下級不一視同仁，親疏有別、厚此薄彼，這是瓦解組織向心力和凝聚力的最危險的行為，長此以往，必將導致組織內部分成兩派乃至多派，這時組織的分崩離析就很自然了。

總之，領導者不能結黨營私，要對下屬平等對待，一視同仁。

【吃古通今】

伊萬是一家綜合企業集團石油鑽探的經理。伊萬在私下裡對他手下的一些員工很失望，因為他們不是石油行業中常說的那種「有衝勁的人」。

伊萬後來公開承認他不器重這些員工，因為他們沒有什麼雄心壯志。進而，伊萬疏遠他們，與「有衝勁的人」走得很近。結果公司裡頭分成了兩派，互相都有怨言。

其實，伊萬沒有看到那些員工穩定性的價值。工作踏實的員工在一口油井一幹就是好幾年，主要是因為他們樂於在可信賴的團隊中工作，並珍惜其中的同事情誼和安全感。

不幸的是，伊萬所欣賞的那些「有衝勁的人」中，有不少人為了賺更多的錢或獲得更好的職位，而跳槽到其他公司。同時，許多踏實的員工也因為伊萬公然看不起他們，而憤然離開公司。結果，有經驗的油井工人的人數降到了最低警戒線，業績迅速下滑。

公司執行長很快就注意到了這一點，伊萬的下場也就可想而知了。

點評：

在團隊中，領導者不能搞小團體，應該公平地對待每一個員工。其實，那些喜歡逢迎領導的員工，往往不是那種踏踏實實的員工，其對團隊做出的貢獻遠沒有後者的大。而那些喜歡結黨營私的領導者，不但給溜鬚拍馬的人提供了鑽營的機會，而且會因損公肥私而淪喪道德，最終自己害了自己。

【延伸閱讀】

先王不獨舉，不擅功。先王不約束，不結紐。約束則解，結紐則絕。故親不在約束結紐。

——《管子．樞言》

先王不靠自己的一人之力辦事，不獨自一人占有功勞。先王不搞小圈圈，不拉幫結派。搞小圈圈就會散開，拉幫結派就會斷裂。所以，表示親近不在於搞小圈圈和拉幫結派。

為善者，非善也。故善無以為也。

——《管子．樞言》

專門為了表現善而行善，並不是真正的善。善不是做作出來的。

愛人甚，而不能利也；憎人甚，而不能害也。故先王貴當、貴周。周者，不出於口，不見於色；一龍一蛇，一日五化之謂周。故先王不以一過二。

——《管子．樞言》

喜歡一個人太過分，反而不能對這個人有利；憎恨人一個人太過分，反而不能對這個人有害。所以，先王總是注重分寸適當，也注重保持機密。機密，就是不可說出口，不可形於色，就像龍、蛇一天五變而無人察覺一樣，才叫做保持機密。所以，先王不會把一說成超過二。

十二　凡事必須注意的三點

管子曰：「事者，生於慮，成於務，失於傲。」（語出《管子·乘馬》）

事情總是產生於謀慮，成功於努力，失敗於驕傲。

要想成功必須善於思考，更要善於行動。成功之後，不能驕傲自滿，要保持謙虛謹慎。

管子在《乘馬》中，為我們總結了凡事必須注意的三點：

（一）「生於慮」

管子曰：「事者，生於慮。」事情總是產生於謀慮。

管子提醒我們，做事情之前必須經過認真思考，要有周到、科學的計劃、方案。要想獲得成功，沒有正確的指導思想和科學的態度是不行的。

在管子看來，思考是行動的前提，是成功的保證。沒有思考的行動，是盲目的行動。盲目的行動，是低效的行動，有時是無效的行動，甚至是錯誤的行動，行動需要思考。

（二）「成於務」

管子曰：「事者，成於務。」事情總是成功於努力。

在管子看來，有了好的符合實際的計劃、方案，要想成功，還必須把它變為行動，努力去做，去堅持不懈地實踐。只有這樣，理想、計劃、方案才能變成現實，主觀和客觀才能實現有機統一。

管子告訴我們，只有行動才能縮短自己與目標之間的距離，只有行動才能把理想變為現實。做好每件事，既要心動，更要行動。只會感動羨慕，不去流汗行動，成功就是一句空話。

總之，任何成功，都離不開踏踏實實的行動，空想者絕不是一個成功者。凡事以實事求是的態度，腳踏實地去做，不耽於空想，才可能獲得寶貴的成功。

(三)「失於傲」

管子曰：「事者，失於傲。」事情總是失敗於驕傲。

許多人在追求成功的過程中能夠腳踏實地，但在取得成功之後卻容易驕傲自滿。

管子提醒我們，千萬不能驕傲自滿。

所謂驕傲自滿，是自以為了不起，滿足於已有的成績。

驕傲自滿是一種影響進步的思想障礙，其發生發展的土壤就是曾經取得的成績。驕傲自滿的人有以下表現：

一是片面理解成績。總認為自己曾經付出過努力，取得了一定的成績，已經走在了前面，無須再做很大的努力，自我感覺良好。

二是看自己只有成績，看別人只有不足。導致懈怠、不思進取，喪失了進步的機會，使成功不能連續保持。

驕傲自滿使人沾沾自喜，是一種盲目自信的表現；過分自我感覺良好，只會使人止步不前。所以，我們必須戒驕戒躁、謙虛謹慎。

【吃古通今】

有一天，一個衣衫襤褸、滿身補丁的小男孩走過一所大樓的工地，看見一個衣著華麗、叼著煙斗的大老闆在現場指揮工人，便鼓起勇氣向他請教：「我要怎麼做，長大後才會跟您一樣有錢呢？」

這老闆甚感意外，低頭打量了小傢伙一眼，向他講了一個小故事：

在一個開鑿溝渠的工地裡，有三個工人在工作。一個拄著鏟子說，他將來一定要做老闆；第二個則抱怨工作時間長，報酬低；第三個什麼話也沒說，只是低頭努力挖。

幾年以後，第一個仍拄著鏟子，嚷著自己以後要當老闆；第二個則找了個藉口退休了；至於第三個，他不僅成了那家公司的大老闆，而且還讓公司更上一層樓。

這位老闆說完之後問小男孩：「你明白故事的寓意嗎？小夥子，好好埋頭苦幹吧！」

但是小男孩卻仍然滿臉困惑。大老闆看了看四周，指著那些正在工作的工人，對男孩說：「你看到那些人了嗎？他們全都是我的工人，但是我無法記住他們每個人的名字，甚至有些人根本就沒有印象。但是，你仔細看他們之中，只有那邊那個晒得紅紅的傢伙，就是穿著一件紅色衣服的那個，他以後會出人頭地。」老闆接著說，「我很早就注意到他了，因為他總是比別人賣力，做得更起勁。每天他都比其他人早上班，工作時比別人拚命，而下班後，他都是最後一個走，加上他穿的那件紅襯衫，使得他在這群工人中間特別突出。」

最後，老闆笑著對似有所悟的男孩說：「我現在就要過去找他，請他當我的監工，我相信，從今天開始他會更加努力，說不定很快就會成為我的副手。」

點評：

成功只能在行動中產生。想出人頭地，除了設定目標努力工作之外，沒有任何其他捷徑。正如哲人所說：「想得好是聰明，計劃得好更聰明，做得好是最聰明又最好。」

【延伸閱讀】

事者，生於慮，成於務，失於傲。不慮則不生，不務則不成，不傲則不失。

——《管子．乘馬》

事情總是產生於謀慮，成功於努力，失敗於驕傲。不謀慮則不能產生，不努力則不能成功，不驕傲自滿則不會失敗。

智者知之，愚者不知，不可以教民；巧者能之，拙者不能，不可以教民。

——《管子．乘馬》

只有智者明白而愚者不明白的事，不可以用來要求一般人民。只有巧者能做到而拙者做不到的事，也不可用來要求一般人民。

無為者帝，為而無以為者王，為而不貴者霸。不自以為所貴，則君道也；貴而不過度，則臣道也。

——《管子．乘馬》

能做到「無為而治」的，可立帝業。為政而不為政務所累，顯得無可操勞的，可成王業。為政而謙虛不自貴的，可成霸業。不自以為貴是做君主的準則，貴而不超越應守的規範，是做臣子的準則。

十三　不要輕視別人

管子曰：「非婢子之所知也。」婢子曰：「公其毋少少，毋賤賤。」（語出《管子．小問》）

管子說：「這不是婢女所能理解的。」婢女說：「您不要輕視少年人，也不要輕視地位卑賤的人。」

每個人都有自己的價值，我們不必因為自己在某些方面看似比他人優越便驕傲自滿，進而輕視別人，這是一種淺薄的表現。自視甚高的人，大多得不到他人的認同，難免影響人際關係。

管子提醒我們，無論是誰都不要輕視別人。

管子之所以這樣說，是因為他也曾犯過輕視別人的錯誤。

有一天，齊桓公派管仲去拜訪寧戚，希望寧戚能出來做官，寧戚卻回答說：「浩浩乎！」管仲不明白是什麼意思，不吃不喝地想這句話。

管仲家裡的婢女問：「先生有什麼心事嗎？」

管仲回答說：「這不是婢女所能理解的。」

婢女說：「您不要輕視少年人，也不要輕視地位卑賤的人。」

婢女接著說：「從前，吳國與干國打仗，規定沒有脫退乳齒的少年不得參軍，國子就拔掉了他的乳齒，參軍為干國立了很多軍功。過去，百里奚是秦國放牛的，秦穆公請他做了秦國的宰相後，秦國就稱霸了諸侯。由此可見，地位卑賤的人可以輕視嗎？年齡小的人，知識就一定少嗎？」

聽了這席話，管仲說：「好。齊桓公派我去徵求寧戚的意見，寧戚答覆說：『浩浩乎！』我不知道是什麼意思。」

婢女說：「詩裡有這樣的句子：『無邊無際的是水，搖頭擺尾的是魚，沒有家室，你召我住在哪兒呀？』寧戚是想要娶妻成家吧？」管仲的疑惑，被婢女一語道破天機。可見，人的智慧不因人的地位的不同而不同，那麼，我們又怎麼能輕視別人呢？

道理很簡單，但並未引起人們足夠的重視。生活中，輕視別人的現象隨處可見。城裡人輕視鄉下人，開小汽車的輕視踩腳踏車的，高級白領輕視做小工的，有錢人輕視貧窮者……任何人和任何與人有關的事物，都可能是輕視中的一個因素。

沒有人願意被輕視，也沒有任何一個善良的人願意輕視別人。但問題是，有時我們可能已經輕視了別人而不自知。而且，所有的人都會在輕視他人時很遲鈍，被他人輕視時很敏感。人與人之間的誤解乃至怨恨，就是這樣產生的。

人生在世，無論誰的存在和進步，都希望得到他人的肯定和認可，誰也不願意被漠視或遺忘。這是一種共性。然而，如果一味地以自我為中心，狂妄自大，目中無人，這除了會使他人反感外，又有什麼益處呢？

輕視他人的人，必定是自認為在某一方面占有優勢，不把別人放在眼裡，陶醉在自我的滿足感之中。事實上，人各有各自的優勢和劣勢，我們不能輕視任何人。你輕視了別人，也會被別人輕視。

被人輕視時，那種心中的不痛快、惱怒總讓人難以忘懷。管子曰：「非其所欲，勿施於人。」不是別人想要的，就不要強加給別人。我們應設身處地為別人著想，這是獲得好人緣的好方法之一。

【吃古通今】

有個叫吳裕的富商，十分通情達理，對人總是很誠懇。

有一次，他要招攬一批舂米的工人，派人把消息放了出去。有人把這件事告訴了公孫穆，公孫穆高興極了。他想：這下可有機會賺些錢繼續求學了！那時候，去替人舂米被認為是低賤的工作，但公孫穆已經顧不得這些了，他把自己打扮成那種做粗重體力活的樣子，穿一套短衫短褲就去應徵了。

一天，吳裕打算去舂米的地方轉一轉，巡視一番。他信步走來，東瞧瞧，西看看，最後在公孫穆身邊站住了。公孫穆正做得滿頭大汗，也沒有注意吳裕在他旁邊，還是一個勁地舂他的米。

過了好一會兒，吳裕越看越覺得公孫穆的動作很不熟練，體力也不怎麼好，不太像一個舂米的工人，就問他道：「小夥子，你為什麼會到我這兒工作呢？」

公孫穆隨口答道：「為了賺些錢付學費。」

吳裕說：「哦！原來你是個讀書人啊，怪不得我看你斯斯文文的，不太像工人。別做了，休息一會兒吧，咱們倆聊聊！」他倆談得十分投機，相見恨晚。後來，這兩個人結成了莫逆之交。

點評：

吳裕並沒有因為貧富懸殊而看不起公孫穆這個窮書生，反而與他交上了朋友，這種不輕視別人的品格是很可貴的。我們交朋友，同樣不應以貴賤、貧富為標準，而更要看重一個人的才識和品行。

【延伸閱讀】

毋少少，毋賤賤。

——《管子．小問》

不要輕視少年人，也不要輕視地位卑賤的人。

非其所欲，勿施於人。

——《管子．小問》

不是別人想要的，就不要強加給別人。

桓公問於管子曰：「吾欲藉於臺榭，何如？」管子對曰：「此毀成也。」「吾欲藉於樹木？」管子對曰：「此伐生也。」「吾欲藉於六畜？」管子對曰：「此殺生也。」「吾欲藉於人，何如？」管子對曰：「此隱情也。」

——《管子．海王》

桓公問管仲說：「我想要徵收房屋稅，你看如何？」管仲回答說：「這等於叫人們拆毀房子。」「我要徵收樹木稅呢？」管仲回答說：「這等於叫人們砍伐幼樹。」「我要徵收牲畜稅呢？」管仲回答說：「這等於叫人們殺死幼畜。」「我要對人口徵收賦稅，又怎麼樣？」管仲回答說：「這等於叫人們收閉情欲。」

凡國之亡也，以其長者也；人之自失也，以其所長也。故善游者死於梁池，善射者死於中野。

——《管子．樞言》

大凡國家的敗亡，往往是由於它的長處；人的失誤，也往往是由於他的長處。所以會游泳的往往死在水中，會射獵的往往死在荒野。

寧戚本是衛國人，他聰慧好學，抱負遠大。但當時衛國內憂外患連綿不斷，寧戚家破人亡，無所歸依。後聽說齊桓公好賢納士，便前去投靠。寧戚扮成商人，趕著牛車來到齊國，夜宿於齊都郭門之外。恰逢齊桓公外出途經郭門，正在車下餵牛的寧戚擊牛角而歌。齊桓公十分驚奇，認為他是個人才，遂起用寧戚。後經管子推薦，讓寧戚掌管農業生產。

十四　日常養生三原則

管子曰：「起居時，飲食節，寒暑適，則身利而壽命益。」（語出《管子・形勢解》）

起居有規律，飲食有節制，寒熱得當，則身體健康而壽命延長。「起居時」、「飲食節」、「寒暑適」，是日常生活必須注意的養生三原則。

《管子》一書，不但蘊涵為人處世的方法、治國的策略等，還包括了一些日常養生之道。據專家考證，「養生」一詞最早就出於《管子》一書。

《管子．形勢解》中有：「起居時，飲食節，寒暑適，則身利而壽命益。」

意思是說，起居有規律，飲食有節制，寒熱得當，則身體健康而壽命延長。

（一）「起居時」

所謂「起居時」，是要求人們起居作息、日常生活要有規律，這是強身健體、延年益壽的重要原則之一。

養生學認為，人們若能起居有常，合理作息，就能保養神氣，使人體精力充沛，生命力旺盛，面色紅潤光澤，目光炯炯，神采奕奕。反之，若起居無常，不能合乎自然規律和人體常度來安排作息，天長日久則神氣衰敗，就會出現精神萎靡，生命力衰退，面色無華，目光呆滯無神。

起居作息有規律，還能提高人體對自然環境的適應能力，從而避免發生疾病，達到延緩衰老、健康長壽的目的。

規律的生活作息是健康長壽的必要條件。培養規律生活習慣的最好措施，是主動地安排合理的生活作息制度，做到每日定時睡眠、定時起床、定時用餐、定時鍛鍊身體、定時排便、定期洗澡等。把生活安排得井井有條，使人生機勃勃、精神飽滿地工作、學習。這樣，對人體健康長壽是大有益處的。

(二)「飲食節」

所謂「飲食節」，是指飲食要有規律，定時定量，不可過饑過飽。

定時進食是維持身體健康的重要條件。按照一定時間有規律地進食，能使人體建立起條件反射，可以保證消化、吸收功能有節律地進行活動。每當接近吃飯的時候，胃腸便開始分泌消化液，飲食之物則可在體內有條不紊地被消化、吸收，並將營養輸布全身。如果隨意進食，不分時間，就會使腸胃長時間工作，得不到休息，以致打亂胃腸消化的正常規律，使消化功能減弱，從而導致食欲減退，影響健康。中國傳統的進食方法是一日三餐，若能嚴格按時進食，不隨便吃零食，養成良好的飲食習慣，則消化功能健旺，對身體健康大有益處。

飲食要定量。人體每天均需攝入一定量的食物，以維持生命活動的需要。如攝入量不足，人體得不到足夠的營養物質，會影響健康，甚至會滋生各種疾病。反之，如果飲食量超過一定的限度，亦可損傷脾胃功能，引起疾病。一般而言，飲食以七八分飽為宜。

(三)「寒暑適」

所謂「寒暑適」，就是要根據四季寒熱不同等自然變化的規律，調整自己的養生策略。

一年之中有春溫、夏熱、秋涼、冬寒的四時氣候更迭，從而使萬物表現出生、長、收、藏的變化規律。人如果順應時序的更移進行調攝護養，就會健康長壽，違背了這種規律，就要患病早衰。

春季。在起居上，宜適當晚睡、早起，經常外出散步，以適應春季勃勃的生機，使人保持旺盛的精力。在衣著上，春季雖然天氣變暖，但不要急著脫衣服，因為早春氣溫乍暖乍寒，說變就變，常有寒潮來襲。在飲食上，宜選用甘、辛、溫之品，清淡可口，忌油膩、生冷、黏硬食物。在運動上，動作宜舒展，一般可選擇散步、慢跑、春遊、放風箏等等。

夏季。在起居上，夏季宜晚睡、早起；夏季日長氣溫高，晚上睡眠時間較短，故要適當午睡，以保持充沛的精力。在衣著上，由於天熱多汗，衣服要薄一些，衣衫要勤洗勤換。在飲食上，宜以清淡、質軟爽口、易於消化的食物為主，少吃高脂厚味及辛辣上火之物；夏季因出汗多，還應注意多飲水。在運動上，夏季氣候炎熱，對人體消耗較大，若長時間在陽光下鍛鍊可能會引起中暑，夏季運動宜選在清晨或傍晚天氣涼爽時進行。

秋季。在起居上，秋季宜早睡、早起。在衣著上，為了抵禦更加寒冷的冬天的到來，適應嚴寒氣候的侵襲，就應該不斷提高自己身體的抗寒能力，不要過早地「多穿衣」，注意耐寒鍛鍊。在飲食上，宜滋潤而忌耗散，防止秋燥對肺氣的損傷，可多吃水果、蔬菜，少吃辛辣食物，以潤清燥；多喝開水、淡茶和湯，以水解燥。在運動上，秋季是運動的好時期，但不要做運動量太大的項目，以防汗液流失，陽氣傷耗。

冬季。在起居上，冬季宜早睡、晚起。在衣著上，冬季氣候寒冷，衣著應以溫暖舒適、利於氣血通暢為原則。在飲食上，應進熱食，並給予溫補陽氣類膳食，故宜食羊肉、狗肉、蝦、韭菜、木耳等食物，不宜食用生冷食物。在運動上，運動前應做好充分的準備活動，應注意保暖防凍，運動量應由小到大逐漸增加，運動換氣宜採取鼻吸口呼。

【吃古通今】

陳翁青，一八八六年出生，一九八七年，在他一百零一歲時，毅然返回故鄉定居。

一百零一歲時的陳老依然精神矍鑠、臉色紅潤、耳聰目明、步履穩健、思路清晰、談笑風生。

在吃的方面，陳老平日以蔬菜、豆腐等清淡之物做為菜餚，主食以麵食為主，每天堅持吃點水果。老人一生不沾菸酒，每日三餐定食，從不另吃零食或點心。

老人居室光線充足、清潔衛生。對於睡眠，陳老說：「我是隨心所欲，順其自然，想睡就睡，從不勉強。」平時每晚十時左右休息，早晨六時左右起床，太陽初出，就去湖畔散步。

陳老有著很好的修養，遇事心情平和，想得開、放得下。他說：「我是可喜不太喜，可憂不太憂。既然活著，就要認真做人，不為損人利已之事。」陳老喜歡聽戲、唱戲，唱起京劇來，聲音清晰，字正腔圓。

陳老評價自己為人的準則，也是他長壽的祕訣是「樂生、樂業、樂善、樂天」。

點評：

養生宜早不宜晚。因為人的衰老，早在老年到來之前就已經開始了，養生應及早從生活多方面進行。在養生益壽活動中，飲食、睡眠、運動因素占很重要的地位，可以說是養生的重中之重。

【延伸閱讀】

起居時，飲食節，寒暑適，則身利而壽命益。起居不時，飲食不節，寒暑不適，則形體累而壽命損。

——《管子．形勢解》

起居有規律，飲食有節制，寒熱得當，則身體健康而壽命延長；起居無規律，飲食無節制，寒熱不當，則形體勞累而壽命受損。

春者，陽氣始上，故萬物生；夏者，陽氣畢上，故萬物長；秋者，陰氣始下，故萬物收；冬者，陰氣畢下，故萬物藏。故春夏生長，秋冬收藏，四時之節也。

——《管子．形勢解》

春天，陽氣開始上升，所以萬物發生；夏天，陽氣完全上升，所以萬物成長；秋天，陰氣開始下降，所以萬物收斂；冬天，陰氣完全籠罩，所以萬物閉藏。因此，春夏生長，秋冬收藏，這是四時的節令。

——《管子．形勢解》

舋者，多所惡也……人食則不肥。故曰：「食者不肥體也。」

所謂「舋」，就是過於偏食……人偏食身體就不健壯。所以說：「偏食的人身體就不健壯。」

十五　做人要信守諾言

管子曰：「信也者，民信之。」（語出《管子．小問》）

守信用，民眾就會相信你。

做人要信守諾言。信守諾言，別人才會信任你；否則，只會給別人留下不講信用的惡劣印象。

管子是一個信守諾言的人，他也曾勸諫齊桓公要信守諾言。

西元前六八一年，齊國攻打魯國，魯國派曹沫領兵迎戰，不料三戰皆敗，魯莊公心怯，請求獻出土地來講和。齊桓公答應和魯人在柯地會盟。

正當魯莊公與齊桓公即將達成協議之時，魯國的曹沫手執匕首衝上前去，劫持了齊桓公。齊桓公左右害怕傷到齊桓公，不敢亂動。

齊桓公問：「你想怎樣？」

曹沫說：「齊強魯弱，您恃強凌弱太過分了。大王您認為該怎麼辦呢？」

齊桓公被迫答應盡數歸還所占魯國的土地。得到承諾後，曹沫扔下匕首重新站在群臣之中。齊桓公惱羞成怒，想毀約食言，並殺死曹沫。

管仲說：「如果被劫持時答應了人家的要求，然後又背棄諾言殺死人家，是滿足了一件小小的快意之事，在諸侯中卻失去了信用。也就失去了天下人的支持，不能這樣做。」

於是，齊桓公把曹沫三次戰敗所丟失的土地全部還給了魯國，諸侯聞知，都認為齊國守信而願意歸附。

管子認為，信守諾言是一個人的美德，是處世的基本準則。

生活中，只有做到「一諾千金」，別人才會相信你是一個信守諾言的人，從而會信賴你、依靠你，你在事業上才能一帆風順。

一個人信用越好，在事業上越能打開局面。所以，必須重視自己說過的每一句話。人們總是喜歡說話算數的人，而討厭總是食言的人。

那麼，如何才能做到信守諾言呢？

首先，我們在向他人承諾時，一定要問自己能不能做到？如果做不到，或是沒有把握，就不要輕易說「沒問題」。

其次，如果許了諾，就一定要遵守。比如，你答應別人在何時何地見面，在你完全可以做到的情況下，你應推掉一切應酬準時赴約。

最後，如果經過努力，實在無法兌現承諾，應該及時告知對方，並且詳細說明原因，真誠地表示自己的歉意並請求對方原諒。

失信於人，意味著丟失了做人的起碼品德，意味著在別人眼裡你是一個不講信譽的人。所以，做人必須信守諾言。

【吃古通今】

曾參，春秋末期魯國有名的思想家、儒學家，是孔子門生中七十二賢之一。他博學多才，且十分注重修身養性，德行高尚。

一次，曾參的妻子要到市集上辦事，年幼的孩子吵著要去。曾參的妻子不願帶孩子去，便對他說：「你在家好好玩，等媽媽回來，將家裡的豬殺了煮肉給你吃。」

孩子聽了，非常高興，不再吵著要去市集了。

這話本是哄孩子的，過後，曾參的妻子便忘了。不料，曾參卻真的把家裡的一頭豬殺了。

妻子看到曾參把豬殺了，就說：「我是為了讓孩子安心地在家裡等著，才說等趕集回來把豬殺了燒肉給他吃，你怎麼能當真呢？」

曾參說：「孩子是不能欺騙的。孩子年紀小，不懂世事，只得學習別人的樣子，尤其是以父母做為生活的榜樣。今天你欺騙了孩子，玷汙了他的心靈，明天孩子就會欺騙你、欺騙別人；今天你在孩子面前言而無信，明天孩子就會不再信任你，你看這危害多麼大呀！」

點評：

信守諾言是做人的原則，更是處世之本。一個人不講信用，別人就不會相信他。失信於人的人，不會有好的人緣，他最終將一事無成。

【延伸閱讀】

誠信者，天下之結也。

——《管子．樞言》

誠實守信，是治理國家的關鍵。

中情信誠則名譽美矣，修行謹敬則尊顯附矣。中無情實則名聲惡矣，修行慢易則汙辱生矣。

——《管子．形勢解》

內心信誠則會有美名讚譽，修養嚴謹則贏得尊榮顯貴。內心不誠實則名聲狼藉，對自己要求簡慢隨便，汙辱則隨之而生。

管子曰：「誠信者，天下之結也。」誠實守信，是治理國家的關鍵。

誠信也是領導者必備的素質之一。領導者是下屬的領頭人，領導者的一言一行對下屬的影響很大，所以領導者應注意自己的言行，做誠信的表率。否則，一旦給下屬留下不誠信的印象，領導者的威信就會降低，從而難以得到下屬的信任。

十六　樹立遠大的志向

管子曰：「今日君成霸，臣貪承命趨立於相位。」（語出《管子．大匡》）

您今天同意追求霸業，我就遵命坐上丞相的位置。

一個人要有遠大的志向。志向越遠大，意志才會越堅定。沒有遠大志向，一個人一生都只能碌碌無為。

管子有遠大的志向，他希望輔助國君使國家安定，成就霸業使天下太平。在舊主公子糾死了之後，管子之所以沒有像召忽那樣自刎而死，就是因為自己的志向未能實現，百姓依舊生活在水深火熱之中。所以，當時有人評價說：「召忽死比生賢，管仲生比死賢。」

事實上，齊桓公之所以能成就霸業，與管子幫助齊桓公樹立遠大志向有很大的關係。對此，《管子．人匡》中有詳細的記載：

齊桓公即位第一年，召見管仲。

管仲到了以後，齊桓公問：「國家能夠安定嗎？」

管仲回答說：「您能成為霸王，國家就能安定；不能成為霸王，國家就不能安定。」

齊桓公說：「我不敢有那樣大的想法，只要國家安定就行了。」

管仲重複剛才的話，齊桓公還是說：「不能。」

管仲便向齊桓公告辭說：「您免我一死，是我的幸運。然而我不為公子糾而死，是為了把國家安定下來。國家不安定的話，要我執國政而不為公子糾死，我不敢接受。」管仲起身便往外走。

到了門口，齊桓公又把管仲召回，流著汗說：「你定要堅持，那我就儘量去追求霸業吧。」

管仲伏地叩拜而起說：「今天您同意追求霸業，我就遵命坐上丞相的位子。」於是便命令各方面的官員處理國事。

管子認為，人必須樹立遠大的志向，人無大志，必定不會有什麼大的作為。有志者事竟成，縱觀古今成大事者，莫不是胸懷大志者。

漢高祖劉邦，原為秦代的泗水亭長，係區區小吏。有一次，劉邦到都城咸陽辦理公務，適逢秦始皇出巡。他在街頭見到了皇帝的威儀，便感嘆說：「嗟爾，大丈夫當如此也！」聯繫劉邦後來斬白蛇起義，繼而滅秦，又與項羽爭天下，至垓下決戰，劉邦終於開創了大漢的基業，如此看來，他當初在街頭上的嘆息之語，便不僅僅是羨慕了。

事實上，一個人能成為什麼樣的人，首先是想成為什麼樣的人。沒有遠大志向的人是永遠不會有大作為的。有了遠大志向，才能有較高的奮鬥目標，才能把自己的潛力挖掘出來，投向高標準的追求，最大程度的實現自己的人生價值，才能不會甘於平淡，才能免於沉淪。

當然，遠大志向的實現不可能一帆風順，總會遇到困難和挫折。只有那些在崎嶇的道路上不畏艱險、勇於攀登的人，才能到達光輝的頂點。人是有惰性的，要時時提防，注意克服。其實，困難和挫折並不可怕，可怕的是被困難和挫折嚇倒，勇於進取、堅忍不拔的人，一定能取得最後的成功。

【吃古通今】

司馬遷自幼受其父影響，誦讀古文，熟讀經書，二十歲就周遊全國，考察名勝古蹟，山川物產，風土人情，訪求前人軼事典故，後又繼任太史令，得以博覽朝廷藏書，檔案典籍。太初元年（西元前一〇四年），根據父親遺志，著手編撰一部規模宏大的史書。

正當司馬遷努力寫作之際，不幸的事情發生了。天漢二年（西元前九九年），名將李廣之孫李陵，率兵五千出擊匈奴，開始捷報頻傳，滿朝文武都向武帝祝賀，但幾天之後，李陵被匈奴兵圍困，寡不敵眾，在士卒傷亡殆盡的情況下，被匈奴俘虜。幾天前稱頌李陵的文武大臣反過來怪罪李陵。司馬遷替李陵辯護，觸怒了漢武帝，被打入天牢。按照西漢的法律，大夫犯罪，可以以錢贖身，但司馬遷家裡貧窮，一時間拿不出那麼多贖金；曾經親近的左右，誰也不敢替他說情或幫助他，最後司馬遷受到了宮刑。

出獄之後，司馬遷擔任中書令，這種職務歷來都是由宦官擔任的，對士大夫來說是一種恥辱。司馬遷的朋友任安在獄中給他寫信，表示對他的行為深感不解。司馬遷回信說：「我並非怕死。每個人都有一死，或重於泰山，或輕於鴻毛。如果我現在死了，無異於死了一隻螻蟻。我之所以忍辱苟活，是因為撰寫史書的宿願還沒有實現。從前，周文王被困才推演出《周易》，孔子被困於陳才作出《春秋》，屈原被放逐於江南才寫下《離騷》，左丘明失明之後才完成《國語》，孫臏被削掉膝蓋骨才編著《兵法》，呂不韋被貶於蜀地才作出《呂氏春秋》，韓非被拘禁於秦才寫出《說難》、《孤憤》！我要效法這些仁人志士，完成我的書！到那時，就可以抵償我的屈辱，即使碎屍萬段我也沒有什麼可悔恨的了。」

經過二十年的磨礪，司馬遷終於完成了名垂千古的《太史公書》，後人稱之為《史記》。

點評：

立身者當志存高遠。一個人唯有立下高遠的志向，才可能在人生之路上，披荊斬棘奮勇直前。若沒有高遠的志向，司馬遷又怎麼能在受了宮刑之後，完成卷帙浩繁的《太史公書》呢？

【延伸閱讀】

桓公與宋夫人飲船中，夫人盪船而懼公。公怒，出之，宋受而嫁之蔡侯。明年，公怒告管仲曰：「欲伐宋。」管仲曰：「不可。臣聞內政不修，外舉事不濟。」公不聽，果伐宋。諸侯興兵而救宋，大敗齊師。

——《管子．大匡》

齊桓公曾與宋夫人在船中飲酒，宋夫人搖盪船隻嚇唬桓公。桓公發怒，休了宋夫人，宋國則把宋夫人又嫁給蔡侯。第二年，桓公怒對管仲說：「我想伐宋。」管仲說：「不可以，我認為內政不修，對外用兵不會成功。」桓公不聽，果然起兵伐宋。各諸侯興兵救宋，把齊軍打得大敗。

朝之爭祿相刺，裚領而刎頸者不絕。鮑叔謂管仲曰：「國死者眾矣，毋

乃害乎？」管仲曰：「安得已然，此皆其貪民也。夷吾之所患者，諸侯之為義者莫肯入齊，齊之為義者莫肯仕。此夷吾之所患也。若夫死者，吾安用而愛之？」

——《管子．大匡》

朝廷裡爭奪祿位，互相殘殺，折頸斷頭的事不斷發生。鮑叔對管仲說：「國家死的人多了，這不是壞事嗎？」管仲說：「怎麼能是壞事呢？那些人都是貪民，我所憂慮的，各諸侯國的義士不肯入齊，齊國的義士不肯做官。這才是我的憂患所在。像那樣一些死者，我何必加以愛惜呢？」

管子為相，做到了為國諫君，為民諫君，為君諫君。在決策國家大事之時及時忠諫，使君主在決斷大事之時不失誤，在維護國威之時不失體，在需要大禮之時不失禮，如此一來，確保了君主形象，維護了國體，樹立了國威。

十七　人不能貪圖安逸

管子曰：「沉於樂者洽於憂，厚於味者薄於行，慢於朝者緩於政，害於國家者危於社稷。」（語出《管子．中匡》）

沉湎於宴樂的人必定在憂患中，喜食厚味的人德行薄，怠慢朝政的人政事拖沓，有害於國家的人危害社稷。

人不能貪圖安逸。貪圖安逸，人就會玩物喪志、不思進取，必定無所作為。

管子不但幫助齊桓公樹立稱霸的遠大志向，而且在平時不斷地提醒、勸諫齊桓公不能貪圖安逸。據《管子．中匡》記載：

齊桓公對管仲說：「請仲父來飲酒。」齊桓公確定了宴請管仲的日期，挖了一口新井，用柴草覆蓋著。齊桓公齋戒十日，召見管仲。

管仲到了以後，齊桓公拿著酒爵，夫人拿著酒杯敬酒。但酒過三觴後，管仲起身就走了。

齊桓公發怒說：「我齋戒十日宴請仲父，自以為做得很好了。仲父卻不辭而出，原因在哪裡呢？」

鮑叔和隰朋趕緊出來，在途中追上管仲說：「桓公發怒了。」

管仲回來進到院中，背靠屏風站著，齊桓公不與他說話；再往前進到中庭，齊桓公還是不與他說話；再往前走，接近堂屋，齊桓公說：「我齋戒十日宴請仲父，自以為沒有得罪的地方。您不辭而別，不知是什麼緣故？」

管仲回答說：「沉湎於宴樂的人必定不在憂患中，喜食肉味的人德行淡薄，怠慢朝政的人政事拖沓，有害於國家的人危害社稷，我就是因為這些而敢於走出的。」

齊桓公立刻下堂說：「我不敢以為自己做得很好，仲父年長，我也衰老了，我希望有這樣一個日子慰勞一下仲父。」

管仲回答說：「我聽說壯年人不懈怠，老年人不苟安，順天道辦事，一定有好結果。夏桀、商紂、周幽三王失去天下，並不是一個早上突然發生的，您為什麼要苟安呢？」

管仲走出，這回齊桓公是以賓客之禮再拜而送出的。

在《管子》一書中，多次記載了管子勸諫齊桓公不要貪圖安逸的故事。

管子認為，人不能貪圖安逸。

然而，令人遺憾的是，貪圖安逸似乎成了現代人的通病。生活中，有人面對「燈紅酒綠」，就沉迷其中而不能自拔；有人缺乏進取之心，工作中不斷降低標準，只求得過且過；有人自身素質不高，卻沒有求知的欲望，不求上進；更有甚者，把追求享受當成人生的目標，與人比吃喝、比玩樂……

貪圖安逸的危害是巨大的。貪圖安逸，人就沒有雄心大志，害怕艱苦的生活，懼怕磨難，面對挫折則容易放棄自己的志向，整天沉迷於安穩的生活，陶醉於快樂的享受，根本不可能磨練出堅強的意志，而且還有可能因為貪圖享樂而招致災禍。

所以，人千萬不能貪圖安逸，否則將一事無成，甚至因此害了自己。

【吃古通今】

深山裡有兩塊石頭，第一塊石頭對第二塊石頭說：「去經一經路途的艱險坎坷和世事的碰碰撞撞吧，能夠搏一搏，不枉來此世一遭。」

「不，何苦呢，」第二塊石頭嗤之以鼻，「安坐高處一覽眾山小，周圍花團錦簇，誰會那麼愚蠢地在享樂和磨難之間選擇後者，再說那路途的艱險磨難會讓我粉身碎骨的！」

於是，第一塊石頭隨山溪滾落而下，歷盡了風雨和大自然的磨難，但它依然義無反顧地在自己的路途上奔波。第二塊石頭譏諷地笑了，它在高山上享受著安逸和幸福，享受著周圍花草簇擁的暢意舒懷，享受著盤古開天闢地時留下的那些美好的景觀。

許多年以後，飽經風霜的第一塊石頭和它的家庭已經成了世間的珍品、石藝的奇葩，被千萬人讚美稱頌，享盡了人間的榮華。第二塊石頭知道後，有些後悔當初，現在它也想投入到世間風塵的洗禮中，然後得到像第一塊石頭擁有的成功和高貴，可是一想到要經歷那麼多的磨難，甚至有粉身碎骨的危險，便又退縮了。

一天，人們為了更好的珍存那石藝的奇葩，準備為它修建一座精美別緻、氣勢雄偉的博物館，建造材料全部用石頭。於是，他們來到高山上，把第二塊石頭粉了身碎了骨，替第一塊石頭蓋起了房子。

點評：

世人往往也是這樣，一開始就只知享受的人與一開始就執著奔波的人，最後的結局往往都是後者成了珍品，前者成了廢料。

【延伸閱讀】

宋伐杞，狄伐邢、衛。桓公不救，裸體紉胸稱疾。召管仲曰：「寡人有千歲之食，而無百歲之壽，今有疾病，姑樂乎！」管子曰：「諾。」於是令之懸鐘磬之榬，陳歌舞竽瑟之樂，日殺數十牛者數旬。群臣進諫曰：「宋伐杞，狄伐邢、衛，君不可不救。」桓公曰：「寡人有千歲之食，而無百歲之壽，今又疾病，姑樂乎！且彼非伐寡人之國也，伐鄰國也，子無事焉。」宋已取杞，狄已拔邢、衛矣。桓公起，行筍虡之間，管子從。至大鐘之西，桓公南面而立，管仲北鄉對之，大鐘鳴。桓公視管仲曰：「樂夫，仲父？」管子對曰：「此臣之所謂哀，非樂也。臣聞之，古者之言樂於鐘磬之間者不如此。言脫於口，而令行乎天下；遊鐘磬之間，而無四面兵革之憂。今君之事，言脫於口，令不得行於天下；在鐘磬之間，而有四面兵革之憂。此臣之所謂哀，非樂也。」桓公曰：「善。」於是伐鐘磬之懸，並歌舞之樂。宮中虛無人。

——《管子．霸形》

宋國攻伐杞國，狄人攻伐邢國、衛國，齊桓公沒有出兵援救，光著身子纏著胸部稱病。召見管仲說：「我擁有千年的食糧，卻沒有百年的壽命，現在又有疾病，姑且行樂一番吧！」管子說：「好。」於是命令懸起鐘磬，陳設歌舞樂器，每天殺牛數十頭，連續了幾十天。群臣都來進諫說：「宋國伐杞，狄國伐邢、衛，您不可不出兵援救。」齊桓公說：「我擁有千年的食糧，卻沒有百年的壽命，現在又有疾病，姑且行樂一番吧！而且，人家並沒有進攻我的國家，不過是征伐鄰國，你們並沒有什麼危險。」宋國已經攻下了杞國，狄國已經攻下邢國和衛國。桓公還在鐘磬之間流連。管子跟著他走到大鐘的西側，桓公面南而立，管仲面北對站著，大鐘響了起來。桓公看著管仲說：「快樂嗎，仲父？」管子回答說：「我說這是悲哀，而不是快樂。據我所知，古代君王稱得上行樂於鐘磬之間的，不是這種情況。而是話說出口命令就行於天下；遊於鐘磬之間，而沒有四面兵革的憂慮。現在您的情況是：話說出口，命令並不能行於天下；身在鐘磬之間，而存在四面兵革的憂慮。這就是我說的悲哀，而不是快樂。」桓公說：「好。」於是砍斷掛鐘磬的架子，撤除歌舞樂器，宮中空虛無人。

十八　善於聽取下屬的意見

管子曰：「微君之命臣也，臣故且謁之。雖然，君猶不能行也。」（語出《管子．小稱》）

您即使不問我，我也是要對您說的。不過，您還是不能照我的話去做。

一個人的智慧是有限的，而且人常常犯了錯誤而不自知，這就需要虛心聽取他人的意見。這一點對於領導者而言非常重要。

管子認為，做為臣下應善於勸諫，而做為君主則應善於聽取臣下的意見。毫無疑問，管子是一個善於勸諫的大臣，而齊桓公卻沒有始終如一地聽取臣下的意見。據《管子．小稱》記載：

管仲生病了，齊桓公前去慰問。齊桓公說：「仲父病得很重，如果不加諱言此病不起，仲父有什麼話要教我的嗎？」

管仲回答說：「您即使不問我，我也是要對您說的。不過，您還是不能照我的話去做。」

齊桓公說：「仲父要我往東我就往東，要我往西我就往西，仲父要我做什麼，我敢不聽從嗎？」

管仲整理衣冠，讓人攙扶著起來說：「我希望您遠離易牙、豎刁、堂巫和公子開方。易牙用烹調侍候您，您說只有蒸嬰兒沒有嘗過，於是易牙蒸了他的兒子獻給您。人之常情沒有不愛自己子女的，易牙對自己的兒子都不愛，又怎能愛您呢？您喜好女色而嫉妒，豎刁就閹割自己為您管理內宮。人之常情沒有不愛自己身體的，豎刁對自己的身體都不愛，又怎能愛您呢？公子開方服事您，十五年不回家探望親人，而齊國與他家鄉衛國之間只有幾天的路程。人之常情沒有不愛父母的，公子開方對父母都不愛，又怎能愛您呢？我聽說，做偽不能持久，做假不能長遠。活著不做好事的人，一定不得好死。」

齊桓公說：「好。」

管仲去世了，埋葬完畢，齊桓公憎惡管仲所說的四個人，罷免了他們的官職。但是驅逐了堂巫，卻生了怪病；驅逐了易牙，卻感到吃的東西不對味；驅逐了豎刁，內宮出現混亂；驅逐了公子開方，臨朝聽政沒有條理。

齊桓公說：「呵！聖人也難免有錯誤啊！」於是重新起用四人。

過了一年，四人作亂，把齊桓公圍困在一間屋子裡不得外出。有一宮女，從小洞鑽入，到了桓公的住所。

齊桓公問：「我饑餓想吃，口渴想喝，都得不到，這是什麼緣故呢？」

宮女回答說：「易牙、豎刁、堂巫、公子開方，四人瓜分了齊國，道路已十天不通了。公子開方已把七百多社的土地和人口送給了衛國。吃的東西將得不到了。」

齊桓公說：「唉，原來如此！聖人之言意味深長啊！死後沒有知覺就算了，如果有知覺，我有什麼面目見仲父於地下呢！」說完便拿過布帕包頭而死。

事實上，齊桓公之所以有如此悲慘的下場，是因為他沒能聽取管仲意見的緣故。如此看來，管仲所說「君猶不能行」，的確極有遠見。

領導者必須善於聽取下屬的意見。一個領導者如果凡事固執己見，不去虛心聽取下屬的意見，那麼他不但會遭受挫折，而且很可能成為一個孤家寡人，得不到下屬的支持，只能讓自己最終陷入失道寡助的悲慘局面，就像齊桓公一樣。

當然，所謂善於傾聽，並不是簡單的聽取下屬的意見，而是要運用腦子進行思考，得出一個合理的結論。這就要求管理者，一要虛懷若谷，平易近人，不要讓下屬產生太大的距離感；二要聽取意見卻不迷信意見，不能人云亦云。

【吃古通今】

喬治．伊士曼是柯達公司的創始人，他認為公司的許多設想和問題，都可以從員工的意見中得到反映和解答。為了收集員工的意見，他設立了建議箱，這是美國企業界的一項首創。公司裡的任何人，不管是白領工人還是藍領工人，都可以把自己對公司某一環節或全面的策略性的改進意見寫下來，投入建議箱。公司指定專職的經理負責處理這些建議。被採納的建議，如果可以替公司省錢，公司將提取前兩年節省金額的一五%做為獎金；如果可以引發一種新產品上市，獎金是第一年銷售額的三%；如果未被採納，也會收到公司的書面解釋函。建議都被記入本人的考核表格，作為提升的依據之一。

柯達公司的「建議箱」制度，從一八九八年開始實施，堅持到現在，第一個向公司提建議的是一個普通工人，他的建議是軟片室應該有人負責擦洗玻璃，他的這一建議得到二十美元的獎勵。設立建議箱一百多年來，柯達公司共採納員工所提的七十多萬個建議，付出獎金達兩千萬美元。這些建議，減少了大量耗財費力的文牘工作，更新了龐大的設備，並且堵塞了無數工作的小漏洞。例如，公司原來打算耗資五十萬美元，興建包括一座大樓在內的設施來改進裝置機的安全操作。可是，工人貝金漢提出一項建議，不用興建大樓，只需花五千美元就可以辦到。這項建議後來被採納，貝金漢為此獲得了五萬美元的獎金。

點評：

聰明的領導者非常重視員工對工作的看法，積極採納員工提出的合理建議。員工參與管理，會使工作計劃和目標更趨於合理，並增強員工工作的積極性，提高工作效率。

【延伸閱讀】

桓公、管仲、鮑叔牙、寧戚四人飲，飲酣，桓公謂鮑叔牙曰：「闔不起為寡人壽乎？」鮑叔牙奉杯而起曰：「使公毋忘出如莒時也，使管子毋忘束縛在魯也，使寧戚毋忘飯牛車下也。」桓公辟席再拜曰：「寡人與二大夫能無忘夫子之言，則國之社稷必不危矣。」

——《管子．小稱》

齊桓公、管仲、鮑叔牙、寧戚四人曾在一起飲酒，飲到高興時，齊桓公對鮑叔牙說：「為什麼不給我祝酒呢？」鮑叔牙捧杯而起說：「希望您別忘記流亡在莒國的時候，希望管仲別忘記被綁在魯國的時候，希望寧戚別忘記車下餵牛的時候。」桓公離席再拜說：「我和兩位大夫能夠不忘記您的忠告，國家就一定沒有危險了。」

管子雖貴為宰相，卻能虛心聽取別人的意見。

正所謂「兼聽則明」，廣泛地聽取多方面的意見，就能明白事情的真相，做出正確的判斷。

十九　勇於承認自己的錯誤

管子曰：「善罪身者，民不得罪也；不能罪身者，民罪之。」（語出《管子・小稱》）

善於檢討自己的人，人們不會怪罪他；不能檢討自己的人，人們就會怪罪他。

要有勇氣承認自己的錯誤。勇於承認自己錯誤的人，失去的是虛榮，得到的是讚美和他人的尊重。

管子曰：「善罪身者，民不得罪也；不能罪身者，民罪之。」

意思是說，善於檢討自己的人，人們不會怪罪他；不能檢討自己的人，人們就會怪罪他。

在管子看來，犯錯誤並不可怕，可怕的是明知錯了，卻拒絕認錯。這樣做的結果，只會使自己在歧路上越走越遠。

生活中，當我們不小心犯了某個錯誤時，最好的辦法是坦率地承認和檢討，並盡可能快地對事情進行補救。

一個人在前進的道路上，難免會出現這樣或那樣的過錯。對一個欲求達到既定目標、走向成功的人來說，正確對待自己過錯的態度應當是：過而不文、聞過則喜、知過能改。

然而，令人惋惜的是，人們似乎都有這樣一個弱點：喜歡為自己辯護、為自己開脫。而實際上，這種文過飾非的態度，常會使一個人在人生的航道上越偏越遠。過而能改需要一種堅強的糾錯意識和寬廣的胸懷。一般人做不到這一點，其原因大概有二：

其一，虛榮心在作祟。一向認為自己各方面的能力都不錯，很少有失誤發生，久而久之，自然養成了「一貫正確」的意識，一旦真的出現過錯，則在心理上難以接受。出於對面子的維護，人們會找理由開脫，或者乾脆將過錯掩蓋起來。

其二，怕影響自己的威信及他人對自己的信任。其實，如果是做為下級，勇於正視自己的過錯，可能會更加得到上級的賞識與信任；如果是做為上級，則過而不文也會使下屬對自己更加敬重，從而提高自己的威信。

聞過則喜、知過能改是一種積極向上、積極進取的人生態度。只有當你真正認識到它的積極作用的時候，才可能身體力行地去聞聽別人的善意勸解，才可能真正改正自己的缺點和錯誤，而不至於為了一點面子去嫉恨和打擊指出自己過錯的人。聞過易，聞過則喜、知過能改不易，能夠做到聞過則喜、知過能改的人，是最能夠得到他人幫助和指導的人，當然也是最易成功的人。

【吃古通今】

格里·克洛納里斯現在北卡羅來納州夏洛特當貨物經紀人。在他為西爾公司做採購員時，他發現自己犯下了一個很大的預算上的錯誤。有一條對零售採購商至關重要的規則，是不可以超支你所開帳戶上的存款數額。如果你的帳戶上不再有錢，你就不能購進新的商品，直到你重新把帳戶填滿——而這通常要等到下一次採購季節。

那次正常的採購完畢之後，一位日本商販向格里展示了一款極其漂亮的新式手提包。可這時格里的帳戶已經告急。他知道他應該在早些時候就備下一筆應急款，好抓住這種叫人始料未及的機會。此時他知道自己只有兩種選擇：要麼放棄這筆交易，而這筆交易對西爾公司來說肯定會有利可圖；要麼向公司主管承認自己所犯的錯誤，並請求追加撥款。正當格里坐在辦公室裡苦思冥想時，公司主管碰巧順路來訪。格里當即對他說：「我遇到麻煩了，我犯了個大錯。」他接著解釋了所發生的一切。

儘管公司主管不是個喜歡大手大腳花錢的人，但他深為格里的坦誠所感動，很快設法給格里撥來所需款項，手提包一上市，果然深受顧客歡迎，賣得十分暢銷。而格里也從超支帳戶存款一事汲取了教訓。並且更為重要的是，他意識到這樣一點：當你一旦發現了自己陷入了事業上的某種誤區，怎樣爬出來比如何跌進去，最終會顯得更加重要。

點評：

任何人都要勇於承認自己的錯誤。雖然承認自己的錯誤是一種自我否定，但承認錯誤會給自己帶來巨大的輕鬆感。明知錯了而不承認，會使自己背上沉重的思想包袱，使自己在別人面前抬不起頭來。

【延伸閱讀】

明王有過則反之於身，有善則歸之於民。有過而反之身則身懼，有善而歸之民則民喜。往喜民，來懼身，此明王之所以治民也。

——《管子．小稱》

英明的君主有過歸於自己，有善歸於人民。有過歸於自己，自己就會戒懼；有善歸於人民，人民就會歡喜。讓人民歡喜，使自己戒懼，這就是英明的君主之所以能治理人民的原因。

建常立首，以靖為宗，以時為寶，以政為儀，和則能久。非吾儀雖利不為，非吾當雖利不行，非吾道雖利不取。上之隨天，其次隨人。人不倡不和，天不始不隨。故其言也不廢，其事也不墮。

建立常規常道，應當以虛靜為本，以合於時宜為貴，以正確不偏為準則，這三者協調一致，就能夠持久不敗。不合我的準則，雖有利也不去做；不合我的常規，雖有利也不推行；不合我的常道，雖有利也不採用。首先是適應天道，其次是適應人心。人們不提倡的事不去應和，天不曾開創的事不去聽從。所以，其言論不會失效，其事業不會失敗。

——《管子．白心》

二十　領導者切忌越權

管子曰：「毋代馬走，使盡其力；毋代鳥飛，使弊其羽翼。」（語出《管子．心術上》）

不要代馬匹去跋涉，應當讓牠盡到自己的力量；不要代鳥去飛翔，應當讓牠盡情舒展自己的羽翼。

領導者應該善於放權，使自己從繁雜的事務中擺脫出來，集中精力抓主流、抓大的方向。也就是說，領導者應起「腦」的作用，而不是「手」的作用。

管子曰：「毋代馬走，使盡其力；毋代鳥飛，使弊其羽翼。」

不要代馬去奔跑，應當讓牠盡到自己的力量；不要代鳥去飛翔，應當讓牠盡情舒展自己的羽翼。

管子認為，領導者不能事必躬親，應懂得放權，讓下屬主動工作，充分發揮他們的聰明才智。

其實，領導者喜歡凡事親力親為，是犯了「越權」的錯誤。

所謂「領導者越權」，是指領導者不該管的事情，插手管理；不該執行的任務，越俎代庖。

領導者越權的危害是巨大的：有害於工作的正常秩序；有害於調動下屬的積極性；有害於組織的團結；有害於本職工作的完成等。

那麼，領導者該如何防止自己越權呢？

(一)疑人不用與用人不疑

領導者對下屬「越權」和對下屬不信任、不放心、不放手有關，這種不信任，主要是對其工作的認真態度、工作方法、辦事能力信不過，這個問題必須解決。領導者應充分信任、放手讓下屬工作，鼓勵其大膽做事。

對人才要做到四容：

容才：心胸開闊容得下人才，特別重要的是容得下才能超過自己的人。容才的對立面就是嫉賢妒能。

容言：允許別人講話，能聽得進各種意見，尤其允許有才幹、有獨立見解的人講話。

容錯：允許別人犯錯誤，改正錯誤，絕不能對犯錯誤的人一棍子打死。

容怨：不計較個人的恩怨，允許下屬對自己暫時的不理解，暫時的埋怨。透過慢慢溝通，消除誤會。

(二)自恃高明與尊重他人。

領導者對下越權，還有一個認知問題，就是把自己看得過高，把別人看得過低，總覺得自己行，別人不行。必須正確對待別人，正確對待自己，不能事事用自己的習慣模式去衡量別人的行為，略有不符就反感，要尊重別人的缺點和弱點，不能指責苛求。

(三) 關係密切與照章辦事。

有時越權，是因為自以為和下級關係密切，友情深厚。這樣相互之間深知對方的長處和短處，辦起事來深一點淺一點，容易理解和諒解。但絕不能發生角色變異，沒有章法。

(四) 提高權力的自控能力。

防止和克服自己「越權」，比較好的方法是提高權力的自控能力。

克服權力欲；增強自我角色意識；在權力範圍內活動；克服四過：對人對事要求過多、過高、過細、過急；堅持四少：對微觀工作少聽、少問、少說、少做；做到四不：對人對事不急、不躁、不氣、不惱；運用四法：座談法、溝通法、談心法、閒聊法。

【吃古通今】

一八一五年二月二十六日，拿破崙從流放地——厄爾巴島逃出，回到法國。法國人民歡呼雀躍。在法國人民的支持下，拿破崙奇蹟般地重新登上皇位。歐洲封建君主和英國統治階級對拿破崙東山再起，深感恐懼，立即組織由英、俄、普、奧、義五國反法聯盟向法國進攻。法國人民深深懂得，只有拿破崙才能保衛資產階級革命的勝利果實，他們把二十萬熱血男兒交給了拿破崙。

戰爭迫在眉睫，拿破崙認為，只要能擊敗反法聯盟的主力英、普二軍，就能瓦解反法聯盟，因此，他決心爭取主動。六月十五日，他出其不意地奔赴比利時，打敗了布呂歇爾領導的普魯士軍隊。隨後，拿破崙命令騎兵將領格魯希追擊普軍。他說：「格魯希，你的任務就是將可惡的普魯士人趕回老家，最好是提著布呂歇爾的腦袋來見我，其他的事就由我來做好了。」「是！將軍！」格魯希堅定地回答。

六月十八日，法軍向英軍發動了激烈進攻，由於惠靈頓進行了周密的部署，雙方傷亡都很嚴重，戰鬥處於膠著狀態，援軍成了決定勝負的關鍵。

遺憾的是，率先出現的竟是普魯士軍隊。原來，格魯希由於行動緩慢使布呂歇爾逃脫，面對遠方傳來的槍炮聲，布呂歇爾立即命令部隊奔赴戰場，而格魯希卻無動於衷，當手下的將領向他建議，放棄追擊普軍，轉而支援拿破崙將軍時，格魯希竟說：「軍人以服從命令為天職，將軍（拿破崙）只授予我追擊布呂歇爾的權力，沒有授予我改變計劃的權力，你們懂嗎？」就這樣，格魯希無視將領們的苦苦哀求和遠處傳來的越來越激烈的槍炮聲，依然令部隊按原來方向追擊，白白將有利的戰機送給了普軍，致使拿破崙在英普軍隊的夾擊下，寡不敵眾，大敗而歸。

滑鐵盧戰役，拿破崙失敗的原因，關鍵在於援軍未能及時趕到。試想，如果在關鍵時刻出現的是格魯希率領的法軍，那麼這次戰役的勝負恐怕就得重論，整個歐洲的歷史發展恐怕也需要重寫了。遺憾的是拿破崙未能做到這一點。仔細分析一下，法軍的遲滯，儘管與格魯希的愚蠢、無知，不會隨機應變有關，但更為主要的是拿破崙未能授予部下更大的權力。假若拿破崙因人施令，授予格魯希隨機應變的權力，起碼格魯希不會在拿破崙最需要他的情況下無動於衷。由此可見，拿破崙的失敗，很大程度上是由於他不懂得授權的重要性造成的。

點評：

在社會分工日益細緻，分工協作日益複雜的今天，不懂得授權的重要性並身體力行地實行權利下放的領導者，可以說是不稱職的領導者。一個領導者能否合理授權，對於下屬充分發揮能力、積極主動地完成各項任務有重要的作用。

【延伸閱讀】

心之在體，君之位也；九竅之有職，官之分也。心處其道，九竅循理；嗜欲充益，目不見色，耳不聞聲。故曰：上離其道，下失其事。

——《管子．心術上》

心在人體中，居於君主的地位；九竅各有其職能，正如百官的分工。心運行於正道，九竅就依從常規；心充滿嗜欲，眼就視而不見，耳就聽而不聞。所以說，居於上位的心偏離了正道，處於下位的九竅就失去其功能。

耳目者，視聽之官也。心而無與於視聽之事，則官得守其分矣。夫心有欲者，物過而目不見，聲至而耳不聞也。

——《管子．心術上》

耳目是主管視聽的器官，心不去干預視聽的事，耳目就會盡自己的職責。心中充斥嗜欲，就會干擾視聽，使之視而不見，聽而不聞。

二十一　為人處世要心平氣和

管子曰：「大心而敞，寬氣而廣。」（語出《管子・內業》）

要想思想浩大而勇敢，就要心胸寬舒、廣有所容。

心平，會較客觀地看事物；氣和，易於體會彼此立場，聆聽弦外之音。心平氣和，和緩執中，安泰莊重，能消弭爭端於無形。

管子認為，心平氣和是為人處世的一種境界。

管子曰：「大心而敞，寬氣而廣。」

意思是說，要想思想浩大而勇敢，就要心胸寬舒、廣有所容。

事實上，人處於順境時，容易心平氣和；一旦面對逆境，就難以平心靜氣了。心平氣和不只用在安寧閒暇之時，而更要用在緊急危難之間。如將軍在前方指揮，能夠心平氣和，則能理智清明，安然篤定；商人在商場上，利害交關的時候，能夠心平氣和，處之泰然，則必有所得。

心平氣和是一種祥和的狀態，是一種修養，是一個人成熟的標誌。

那麼，如何才能讓自己始終保持心平氣和呢？

首先，要轉變自己的態度，用開放性的語氣對自己堅定地說：「生活中的任何人和任何事，都不會像我想像得那麼糟，他們都在期待著我成長和成功，我一定要用愉快的心情來回應他們，現在就讓我用這種心情來試一試！」這樣你的自主性就會被啟動，沿著它走下去就是一番嶄新的天地。

其次，多想想自己看他人臉色的滋味，這樣就可以知道應該以一種什麼樣的表情來對待他人，當你覺察到自己的情緒不好時，要學會用簡單的方法去排解它，告誡自己：不要去理睬它，你要學會自我安慰。

第三，要培養自我控制情緒的意識，比如，經常提醒自己，主動調整情緒，自覺注意自己的言行，久而久之就會在潛移默化中，形成一個健康而成熟的情緒習慣。

第四，轉移情緒，也就是暫時避開不良刺激，把注意力轉移到另一項活動中去，以減輕不良情緒對自己的衝擊。可以轉移的活動很多，你最好還是根據自己的興趣愛好，以及外界事物對你的吸引力來選擇，如各種文化體育活動、與親朋好友傾談、閱讀研究、琴棋書畫等。

第五，放鬆身心，心情不佳時，可以透過循序漸進、自上而下放鬆全身，或者是透過深呼吸、自我按摩等方法使自己進入放鬆狀態，然後面帶微笑，想像曾經歷過的愉快情境，從而消除不良情緒。

【吃古通今】

清廷派駐臺灣的總督劉銘傳，為建設臺灣做出了傑出的貢獻，臺灣的第一條鐵路便是他督促修建的。

劉銘傳被任用時，有一個非常有趣的小故事：

當李鴻章將劉銘傳推薦給曾國藩時，還一起推薦了另外兩個書生。曾國藩為了看一看他們三人中，誰的品德最好，便故意約他們在某個時間到曾府面談。可是到了約定的時間，曾國藩卻故意遲遲不露面，讓他們在客廳中等候，暗中卻仔細觀察他們的一舉一動。只見其他兩位都顯得很不耐煩的樣子，不停地抱怨；只有劉銘傳一個人安安靜靜、心平氣和地欣賞牆上的字畫。後來曾國藩故意考問他們客廳中的字畫，只有劉銘傳一人答得出來。

結果，劉銘傳被推薦為臺灣總督。

點評：

心平氣和，會讓人想到一池靜水，波瀾不驚，明澈見底；心平氣和，也會使人想起「心寬體胖」幾個字，腦海中閃現的往往是彌勒佛那慈悲的笑臉。心平氣和需要隱忍，更需要有寬廣的胸襟。自古以來，心平氣和就是人們努力追求的一種心境。

【延伸閱讀】

人迫於惡，則失其所好；怵於好，則忘其所惡，非道也。故曰「不怵乎好，不迫乎惡」。惡不失其理，欲不過其情，故曰「君子」。

——《管子．心術上》

人常常因迫於所惡而失其所好，或者因惑其所好而忘其所惡，這都是不合乎道的。所以說：「不怵乎好，不迫乎惡。」厭惡要不失常理，喜好要不違常情，這才叫「君子」。

形不正者，德不來。中不精者，心不治。正形飾德，萬物畢得。

——《管子．心術下》

外形不正，是由於德未具備。內心不專，是由於心未修好。端正外形，修飾內心，萬事萬物便能正確把握。

一氣能變曰精，一事能變曰智。

——《管子．心術下》

專一其氣而能變化叫做「精」，專一其事而能變通叫做「智」。

二十二　君子愛財，取之有道

管子曰：「非吾儀雖利不為，非吾當雖利不行，非吾道雖利不取。」（語出《管子·白心》）

不合我的準則，雖有利也不去做；不合我的常規，雖有利也不推行；不合我的常道，雖有利也不採用。

錢財的重要性不言而喻，君子愛財，取之有道。該賺的錢，堂堂正正去賺；不該賺的錢，半分也不能要。

關於財富，永遠都有動人的故事，更有許多悲劇。就人類而言，創造更多的物質財富，是人類進步的動力，民族強大的基礎。對個人而言，愛財、取財也是發展自身、完善自我的一個重要條件。對於如何致富，古人早就有至理名言：君子愛財，取之有道。

管子曰：「非吾儀雖利不為，非吾當雖利不行，非吾道雖利不取。」即是說，不合我的準則，雖有利也不去做；不合我的常規，雖有利也不推行；不合我的常道，雖有利也不採用。管子對利的看法和追求，充分體現了「君子愛財，取之有道」的真義，是值得所有人學習的。

致富、取財的方法多種多樣，有巧取的，有豪奪的，有欺騙的，有訛詐的，甚至還有殺人越貨的，這些多為不義之舉，或者叫做「取之無道」。由此看來，在古人那裡，由於法律的不完備或者過於寬泛，取財往往需要人的自我約束。所謂「取之有道」，「道」主要是指道德、良心，關乎他人和社會責任。

隨著社會的發展，「君子愛財，取之有道」已包含了兩種含義：一是有形之道，一是無形之道。

有形之道，即指法律、規範。隨著人們經濟活動範圍的日益廣泛和內容的日益豐富，法律也盡可能詳細地規定，人們在經濟活動中可以做什麼、不可以做什麼。這是人們謀求合法財富的最低底線，是取之有「道」。

無形之道，即道德、良心。這種取之有「道」，應該是既講合法取財，又能以德取財，或兼顧社會責任，這樣得來的財富就更能源源不斷，流之久遠。不過，這種「道」的標準太空泛，沒有強制的約束力，主要靠人的品性和自覺程度。

人生在世，安身立命，確實少不了錢財什物，但也不可過分追求。須知錢財乃身外之物，生不帶來，死不帶走。人生苦短，若專營此事，豈不白白浪費大好時光？所以，人們追求財富都應量力而為，更不可透過不當手段來追逐不當之財。

《聖經》中說：「富人進天堂，猶如駱駝過針眼。」《聖經》中的這句話，一定讓很多富人暗地為自己捏了把汗。而近來，清算原罪的說法更是甚囂塵上。正如一位學者所說：「許多民營企業家的誕生，本身就像是一根木炭，如果你硬要去把它洗白，那麼最終的結果是把整根木炭都洗掉，木炭還是洗不白。」清算可能給這個群體眾多的人帶來「滅頂之災」，這導致民營企業家們成天惶恐不安、如履薄冰，精神上陡添幾分幻滅感。而各種原因，都可以歸結於一句話：他們在追求財富的過程中，有取之無「道」的行為。

「君子愛財，取之有道」，是古人留給我們的寶貴的精神財富，它告誡我們，取財必須要靠自己的辛勤勞動和汗水，唯有如此，所取得財富才能對人有益，也才能保存長久。

【吃古通今】

傳說，從前有一個大富翁叫龐太祖，家資萬貫，富甲四鄰，而且子孫甚多，堪稱財丁兩旺。

俗話說「錢銀是禍亂之源」。龐太祖一生勤勤儉儉過日子，積下了萬貫家財，沒想到，到了晚年，卻被這些家財折磨得坐立不安。原來他除了五個兒子，還有一群孫子，見龐太祖年事已高，紛紛盤算著如何占有那萬貫家財。他們雖然不肖，腦袋瓜卻絕頂聰明。大家都無師自通地悟出一個道理，誰的拳頭大，金錢就歸誰。於是，他們都紛紛暗中趕造大刀長矛等各種武器，準備等龐太祖死後大幹一場。龐太祖聞知，十分害怕，他擔心日後真的亂起來，豈不家破人亡，人財兩空?想來想去，覺得是金銀害人。倒不如趁早發落，免得留下禍根。主意一定，他便暗中雇了兩個挑夫，把家裡的金銀挑去山上埋掉。

這兩個挑夫都是貪心之人，他們每天挑金銀上山，頭幾天還不在意，可是越挑越心痛。一段時間後，他們人在挑金銀，心裡卻在盤算著如何獨吞埋在山裡的金銀。到了最後，竟互相在同伴身上打主意，終於，有一天，挑夫甲對乙說：「這些日子，我倆挑擔很是辛苦，今天，我去市集上買些吃的，慰勞慰勞，你看如何？」乙點頭同意。於是，甲便上市集買菜，同時到藥店買了毒藥，放進煮好的飯菜裡，然後提到山上。吃飯的時候，甲把做有記號的那碗飯菜端到乙面前，說：「今早你在山上挖坑辛苦了，請多吃些。」乙也不懷疑，一下子吃了個精光。兩人吃了飯，休息了一會兒，乙對甲說：「今早我辛苦了一上午，如今請你先做一會兒，等會我繼續做。」甲心想：你服了毒藥，反正早晚得死。要我做，我就先做一會兒，看你怎麼個死法！主意一定，他就拿起鋤頭，動手挖坑。沒想到乙也是存心不良，他見甲埋頭挖坑，便趁機操起扁擔，朝甲後腦勺上直劈下去。可憐甲還沒有弄明白是怎麼回事，便一命嗚呼了。乙見甲死，方暗喜得計，沒想到藥性發作，抱著肚子掙扎了一會兒，也倒在上午自己挖的土坑裡，與甲一同到閻王爺那裡報到去了。這就叫做「人為財死」！

再說到了第二天，第三天……一連幾天過去了，龐太祖不見那兩個挑夫再來挑金銀，懷疑是他們偷偷把金銀挑回家裡，心想反正自己要把金銀埋掉，如今被挑夫挑到家裡享用，索性不去追究，「等於做了一樁好事！」因此，挑夫曝屍荒野很久，也無人知曉。直到屍體腐爛，山上的飛鳥禽獸聞到臭味，紛紛趕來食肉寢皮，一飽口福。那些食到乙的屍體的，全部中毒死亡，無一倖免，這就叫做「鳥為食亡」。

這就是「人為財死，鳥為食亡」一語的由來。

點評：

擁有真正的財富的人會：有積極進取的人生態度；有強健的體魄；有大無畏的精神；對未來充滿希望；良好的人際關係；有信心；與人分享自己的成就；有博愛精神；胸襟開闊；有良好的自律性；了解他人並能與他人合作；享有經濟充裕的生活。千萬不要像故事中的挑夫一樣，在財富中迷失了自我。

【延伸閱讀】

將將鴻鵠，貌之美者也。貌美，故民歌之。德義者，行之美者也。德義美，故民樂之。民之所歌樂者，美行德義也，而明主鴻鵠有之。故曰：「鴻鵠將將，維民歌之。」

——《管子．形勢解》

鏘鏘而鳴的鴻鵠，是美麗的飛鳥。因為美，所以人們歌頌牠。德義，是一種行為上的美。因為德義美，所以人們喜愛它。人民所歌頌喜愛的，乃是美貌和德義，而明君和鴻鵠恰好具有這些。所以說：「鴻鵠將將，維民歌之。」

濟濟者，誠莊事斷也；多士者，多長者也。周文王誠莊事斷，故國治。其群臣明理以佐主，故主明。主明而國治，竟內被其利澤，殷民舉首而望文王，願為文王臣。故曰：「濟濟多士，殷民化之。」

——《管子．形勢解》

「濟濟」，指的是誠實莊重而果斷；「多士」，指的是許多有才德的人。周文王誠實莊重而果斷，所以國家安定。他的群臣明理佐助君主，所以君主英明。君主英明而國家安定，國內都得到他的好處和恩澤，殷民也舉首而擁護文王，願意做他的臣民。所以說：「濟濟多士，殷民化之。」

二十三　凡事有度，過猶不及

管子曰：「過與不及也，皆非正也。」（語出《管子．法法》）

超過與達不到，都不正確。

凡事都有一個度，如果把握不好，超過或達不到這個度，都會給事物帶來損害。

人們常說，「過猶不及」，就是說事情辦得過了，就跟做得不夠一樣，都是不好的。

《管子》曰：「過與不及也，皆非正也。」所謂「正」，就是對事物發展的度的把握。如果把握不好這個度，使事物的發展超過或達不到這個度，就會給事物帶來損害。

〈登徒子好色賦〉中這樣形容一個人的美貌：「東家之子，增之一分則太長，減之一分則太短；著粉則太白，施朱則太赤。」東家之子長得恰如其分，任何的修飾與改變，都可能造成過或不及的效果。東家之子對美這個「度」的把握，的確到了絕妙的境界。

度，歷來為先賢聖人所重視，並逐漸成為中國傳統文化的精髓。度即合適、恰當，交談時能令說者暢快愉悅，聽者入勝而不厭；遭受挫折時，不遷怒於人，又不心灰意冷；春風得意時，既不自滿忘形，又不故作自謙，這些都是把握度的表現。

過和不及是無度、失度的主要表現，是事物的兩種極端化傾向，或者說兩種錯誤傾向，都是不可取的。譬如說，為人之道既不可好高騖遠，也不應自暴自棄；既要追求理想，又須面對現實。為政過嚴或太寬都不好，「寬猛相濟，政是以和。」凡事應有度，抑其過，引其不及。

凡事有度，過猶不及。人生的許多事情都是如此，不論是生活還是工作，都應適當有度，超過了度的界限，事情就會變化，或者變質：交往中，過分的熱情與冷漠一樣會使人感到不舒服；傳播中，過分的渲染與毫不聲張一樣會無甚收穫；教育中，過分的嚴格與放任自流一樣會使孩子叛逆迷失；管理中，過分的民主與個人專制一樣會沒有進步……

待人不卑不亢，接物不偏不倚，處世不慌不忙……過猶不及，所以欣賞寵辱不驚的態度，所以追求安寧的感覺。過猶不及，所以相信，願意付出的和能夠擁有的就在天平兩端，不過分追求，不隨意放棄……

總之，人生猶如熬一鍋湯，要想把湯熬得香美，就必須掌握好佐料的量，加多少鹽，加多少味精，加多少香料……這個量即是度。只有把握好了度，多一分則溢，少一分則虧，凡事做到恰如其分，才能把人生這鍋湯熬得香美。

【吃古通今】

趙太后新執政，秦國便加緊進攻趙國。趙向齊求援。

齊國回話說：「一定要以長安君作為人質，軍隊才能派出來。」太后不答應，大臣們竭力勸諫。太后明確地對大臣們宣布：「有再說讓長安君做人質的，我定不饒他！」

左師公觸龍拜見太后。左師公說：「我那兒子舒祺，年紀最小，沒什麼出息。可我年紀大了，內心總疼愛他，希望您讓他充當一名衛士，來保衛王宮。我冒著死罪向您稟告這件事。」

太后說：「好啊，年紀多大啦？」

觸龍回答說：「十五歲啦。雖說還小，我希望趁自己還沒有死，便把他託付給您。」

太后問：「男人們都疼愛他們的小兒子嗎？」

觸龍回答說：「比女人還要疼愛。」

太后說：「女人覺得特別厲害啊。」

觸龍回答說：「我私下認為您愛燕后，超過了愛長安君。」

太后說：「你錯了！我愛燕后遠遠比不上愛長安君。」

觸龍說：「父母愛子女，就要為他們做長遠打算。您送燕后出嫁的時候，緊跟在她身後哭泣，想起她遠嫁異國就傷心，也確實夠悲哀的了。她走了以後，您一直很想念她呀，祭祀時一定要為她祈禱。說：『一定不要她回來。』這難道不是為她考慮，希望她的子孫相繼當王嗎？」

太后說：「是啊！」

觸龍問：「從現在算起，三世以前一直上推到趙氏建成趙國的時候，趙王子孫封了侯的，還有繼續存在的嗎？」

太后說：「沒有。」

觸龍說：「不單是趙國，各諸侯國內還有繼續存在的嗎？」

太后說：「我沒有聽說過。」

觸龍說：「這就是說他們之中近則自身便遭了禍，遠則禍患便落到他們子孫身上了。難道說君王的子孫就一定不好嗎？不是。只不過由於他們地位很高卻沒有什麼功勛，俸祿很豐厚卻沒有什麼勞績，卻擁有很多貴重的東西罷了。如今您尊顯長安君的地位，封給他富庶的土地，賜給他很多貴重的東西，卻不趁著現在讓他為國立功，一旦太后您百年之後，長安君憑什麼在趙國安身呢？老臣認為您替長安君打算得太短淺了，所以說您對他的愛不如對燕后的愛深。」

太后說：「好吧，任憑你怎麼調派他吧！」

於是，左師公觸龍替長安君準備了幾百輛車子，讓他到齊國去做人質。齊國援兵很快就派出來了。

點評：

世上最偉大的愛，莫過於父母對子女的愛。也許正因為此，無私付出的父母們，總是陷入對子女的溺愛而渾然不知。溺愛，即是愛之過度。趙太后這種過度溺愛對長安君的成長來說，非但無益，反而有害。這也說明了凡事有度，過猶不及的道理。

【延伸閱讀】

管子對曰：「舉國而一，則無貲；舉國而十，則有百。然則吾將以徐疾御之，若左之授右，若右之授左，是以外內不蜷，終身無咎。」

——《管子．輕重丁》

舉國上下物價一致，則無餘利可圖；舉國的物價相差十倍，則可以從中獲得百倍的利潤。這樣，我們將利用號令的緩急來操縱物價，好比左手轉到右手，右手轉到左手，左右逢源，內外舒展自如，終身沒有束縛。

桓公問於管子曰：「輕重安施？」管子對曰：「自理國虙戲以來，未有不以輕重而能成其王者也。」

——《管子．輕重戊》

桓公問管子說：「輕重之術如何施行？」管仲回答說：「自從伏羲治國以來，沒有不是以輕重之術來成就王業的。」

二十四　領導者應關心愛護下屬

管子曰：「夫為國之體，得天之時而為經，得人之心而為紀。」（語出《管子・禁藏》）

治國的根本，掌握天時叫做「經」，收得民心叫做「紀」。

一個組織的物質條件是有限的，但只要把下屬放在心上，給予愛心，下屬稱心，工作起來就會盡心。

許多人把「以人為本」看作西方哲學家的「專利」，一看到這個詞，便和西方哲學中的「人本主義思想」聯繫起來。殊不知，戰國時期的《管子》就已經提到：「夫霸業之所始也，以人為本。本理則國固，本亂則國危。」

管子之所以提出「以人為本」，是為了以霸道爭天下。《管子．霸言》中說：「夫爭天下者，必先爭人。」《管子．禁藏》中又說：「夫為國之體，得天之時而為經，得人之心而為紀。」

管子把人心提到了與天時並列的高度，可見其對人心的重視。

聰明的領導者也要懂得經營人心。擁有征服下屬之心本領的領導者，他的下屬一定會心甘情願、積極主動為他效力，而且在長期的工作過程中，始終對他忠心耿耿，給組織帶來巨大的效益。

那麼，領導者又該怎樣經營人心呢？

其實，經營人心並不難。領導者只要能敏銳地捕捉到下屬心理的微妙變化，並適時說出吻合當時情形的話語，或採取有效的行動，就能達到這一目的。例如，當下屬情緒進入下列低潮時期時，就是領導者最好的表現時機：

（一）下屬生病時

不管平常多麼強健的人，當身體不適時，心靈總是特別脆弱的。如果此時能夠發自肺腑地對其表示關懷，必定會使其對領導者產生好感。

（二）下屬為家人擔憂時

下屬家中有人生病，或是為孩子的教育等苦惱時，他的心靈也是很脆弱的。領導者這時關心下屬，他便會產生由衷的感激之情。

（三）下屬工作不順心時

下屬因工作失誤或無法按規定日期完成工作時，情緒會變得十分低落，這時也是關心他的好時機。

此外，領導者應該把下屬當成知心朋友看待，盡力推動彼此間的關係朝著和諧融洽的方向發展；極力維護下屬的合法權益，這是領導者的責任，同時也是尊重下屬的表現；記住下屬的名字，這是對下屬的尊重；對所有下屬一視同仁，以謙遜的態度對待下屬，常對下屬微笑。

總之，領導者要有愛人之心，要把每一位下屬看作跟隨自己「打江山」的忠誠夥伴，要像親人、知心朋友那樣真正關心和愛護他們。要知道，沒有愛心的領導者，是很難駕馭他人的。

【吃古通今】

「你真的找到了最好的醫生了？如果有問題，我可以向你推薦這裡看這種病的醫生。」

這是誰在跟什麼人說話？

這是前 Motorola 總裁保羅．高爾文在對員工們表達他的關懷和愛護。只要高爾文聽到公司哪位員工或其家人生病時，他就打電話這樣詢問：「你真的找到了最好的醫生了？」由於他的努力，許多人請不來的專家都被他請來了。而且在這種情況下，醫生的帳單可以直接交給他。

下面的故事已經發生很長時間了。

在經濟不景氣的年代，員工最怕失業。為了保住飯碗，他們最怕生病，尤其怕被老闆知道。比爾．阿諾斯是一位採購員，他現在的兩個擔心都發生了。他的牙病非常嚴重，不得已，只有放下要緊的工作，因為他實在無力去做了。而且，他的病還被高爾文知道了。

高爾文看到他痛苦不堪的樣子，非常心疼：「你馬上去看病。不要想工作的事，你的事由我來想好了。」

比爾．阿諾斯做了手術，但他從未見到帳單，他知道是高爾文替他出了手術費用。他多次向高爾文詢問，得到直截了當的回答：「我會讓你知道的。」

阿諾斯的手術很成功，他知道憑自己的普通收入是難以承受手術費的。

阿諾斯勤奮工作，幾年後，他的生活大有改善。一次，他找到高爾文。

「我一定要償還您代我支付的那個帳單的錢。」

「你呀，不必這麼關心那件事。忘了吧！好好工作。」

阿諾斯說：「我會工作得很出色的。但我不是要還您錢……是為了使您能幫助其他員工醫好牙病……當然還有別的什麼病。」

高爾文說：「謝謝，我先代他們向你表示感謝！」

阿諾斯的手術費是兩百美元，這對高爾文來說是一個小數目，可是這兩百美元代表的價值是對人的關懷和尊重，贏得了一個人的心。

點評：

用愛心對待下屬，與他們像一家人一樣建立「感情維繫的紐帶」。實踐證明，這樣的領導者被下屬認為更有人情味，他們受到下屬的愛戴，下屬也樂意為他們打拚。

【延伸閱讀】

夫霸業之所始也，以人為本。本理則國固，本亂則國危。

——《管子．霸言》

霸王之業的開始，就是以人民為根本。本治國家就安定，本亂國家就危險。

夫爭天下者，必先爭人。

——《管子．霸言》

要想爭霸天下，就必須先爭得人才。

桓公在位，管仲、隰朋見。立有間，有二鴻飛而過之。桓公嘆曰：「仲父，今彼鴻鵠有時而南，有時而北，有時而往，有時而來，四方無遠，所欲至而至焉，非唯有羽翼之故，是以能通其意於天下乎？」管仲、隰朋不對。桓公曰：「二子何故不對？」管子對曰：「君有霸王之心，而夷吾非霸王之臣也，是以不敢對。」桓公曰：「仲父胡為然？盍不當言，寡人其有鄉乎？寡人之有仲父也，猶飛鴻之有羽翼也，若濟大水有舟楫也。仲父不一言教寡人，寡人之有耳，將安聞道而得度哉。」管子對曰：「君若將欲霸王舉大事乎？則必從其本事矣。」桓公變躬遷席，拱手而問曰：「敢問何謂其本？」管子對曰：「齊國百姓，公之本也。」

——《管子．霸形》

桓公坐在位置上，管仲、隰朋進見。站了一會兒，有兩隻鴻雁飛過。桓公嘆息說：「仲父，那些鴻雁時而南飛，時而北飛，時而去，時而來，不論四方多遠，想到哪裡就到哪裡，是不是因為有兩隻羽翼，所以才能把牠們的意向通達於天下呢？」管仲和隰朋都沒有回答。桓公說：「兩位為什麼不回答？」管子回答說：「君上您有成就霸王之業的心願，而我則不是成就霸王之業的大臣，所以不敢回答。」桓公說：「仲父何必這樣，為什麼不進直言，使我有個方向呢？我有仲父，就像飛鴻有羽翼，過河有船隻一樣，仲父不發一言教導我，我雖然有兩隻耳朵，又怎麼能聽到治國之道和學得治國的法度呢？」管子回答說：「您要成就霸王之業、興舉大事嗎？這就必須從根本上做起。」桓公移動身體離開席位，拱手問道：「敢問什麼是根本？」管子回答說：「齊國百姓就是您的根本。」

二十五　懂得激勵下屬

管子曰：「終歲之租金四萬二千金，請以一朝素軍士。」（語出《管子．輕重乙》）

全年的租金為四萬二千斤黃金，請在一個早晨內預先賞賜給士兵。

聰明的領導者懂得激勵下屬，使他們對工作充滿熱情，對未來充滿信心。

據《管子．輕重乙》記載：

一天，管仲向齊桓公建議，將全國一年的地租金額四萬二千斤黃金，預先在一個早晨內全部賞賜給士兵。齊桓公雖然不捨，但還是答應了管仲的請求。

於是，在泰州野外召集士兵。桓公登臺而立，寧戚、鮑叔、隰朋、易牙、賓胥無都並肩站立。

管仲拿著鼓槌向士兵拱手致禮說：「誰能陷陣攻破敵眾，賞黃金一百斤。」三次發問無人應答。有一人執劍向前詢問說：「多少敵眾呢？」管仲說：「千人之眾。」「千人之眾，我可以攻破。」於是，賞給他一百斤黃金。

管仲又說：「在短兵相接之時，誰能活捉敵軍的卒長，賞黃金一百斤。」又有人問：「是多少人的卒長？」管子說：「一千人的卒長。」「千人的卒長，我可以擒獲。」於是賞給他一百斤黃金。

管仲又說：「誰能按旌旗所指，斬得敵將的首級，賞黃金一千斤。」回答可以做到的共有十人，每人都賞給黃金一千斤。其他凡是說能夠衝鋒殺敵的，每人都賞給黃金十斤。

一早上的「預賞」，四萬二千斤黃金全部賞光了。齊桓公憂心忡忡地說：「我該怎麼理解這一做法呢？」

管仲回答說：「您不必擔憂。讓士兵在外榮顯於鄉里，在內報功於雙親，在家有德於妻子，這樣，他們必然要爭取名聲，圖報君德，沒有敗退之心。我們舉兵作戰，能夠攻破敵軍，占領敵國土地，那就不只是四萬二千斤黃金的利益了。」

事實也的確如此，後來，齊桓公舉兵攻打萊國，對方旌旗還沒有看到，軍隊多少還不知道，萊國的軍隊就已經潰敗了。於是齊軍消滅了敵軍，占領了敵國，俘虜了敵將。這便是預先賞賜的效果。

這種「素賞」之術，是管子「予之為取」思想的體現。只有給予士兵利益，他們才會知恩圖報，才能在戰場上具有無畏的勇氣。所謂「士為知己者死」，說的就是這個道理。

管子的這一思想不只適用於戰爭，對現代管理同樣適用。

現實生活中，下屬在業務上取得了成績，為組織的發展做出了較大貢獻，除了要在精神上給予鼓勵外，還應該相應地在物質上給以滿足。精神上的鼓勵對於一個組織的文化和士氣固然是重要的，它能滿足下屬在心理上的需求，是對自己工作的一種肯定。但有時，物質的刺激力量也是必不可少的。從表面上來看，物質刺激會分掉組織的一部分利潤，但下屬的幹勁上去了，就會齊心協力幫助組織，把利潤這塊「蛋糕」做得更大。

當然，激勵下屬的積極性不能只靠錢和增加工資的方法，錢當然是有效的激勵因素，但是如果沒有讚許、參與和溝通的配合，錢也一樣無法使下屬高興並保持較高的效率。

譬如，下屬辛辛苦苦、汗流浹背地從工廠走出來，主管卻只冷冷地遞給他應得的工資與獎金，一句表揚與感謝的話也沒有，他會有什麼樣的感受呢？因此，金錢加安撫，才能使下屬更有幹勁。從這個角度而言，調動下屬積極性的方法是多樣的，而不只是錢。

另外，在管理方面、資訊分享及參與管理也可調動下屬的積極性。當下屬學識水平較高、資訊科技普及時，他們便對組織的期望值提高。此時，組織資訊必須相應地有較大程度地公開。因為透明度增加能夠加強下屬的信心。培訓不僅可以使下屬能應付不斷發生變化的工作和挑戰，更能令他們有足夠的信心面對未來，同時，更重要的是，培訓也代表了組織對他們將來利益的重視，這種投資往往可以在很大程度上調動下屬工作的積極性。

為了更有效地激勵下屬，內部提升機制必不可少。若沒有內部提升機制，下屬看不到自己勤奮工作的前景。自然不會努力工作、接受培訓和鑽研技術。因此，要給下屬留下較大的升遷空間，他們才不會失望，才會覺得有希望。

【吃古通今】

某王爺手下有個名廚，他的拿手好菜是烤鴨，深受王府裡的人喜愛，尤其是王爺，更是備加讚賞。不過，這個王爺從來沒有給予過廚師任何鼓勵，使得廚師整天悶悶不樂。

有一天，王爺有客從遠方來，在家設宴招待貴賓，點了數道菜，其中就有王爺最喜愛吃的烤鴨。廚師奉命行事，然而，當王爺夾了一條鴨腿給客人時，卻找不到另一條鴨腿，他便問身後的廚師說：「另一條腿到哪裡去了？」

廚師說：「稟王爺，我們府裡養的鴨子都只有一條腿！」王爺感到詫異，但礙於客人在場，不便問個究竟。

飯後，王爺便跟著廚師到鴨籠去查個究竟。時值夜晚，鴨子都在睡覺。每隻鴨子都只露出一條腿。

廚師指著鴨子說：「王爺您看，我們府裡的鴨子不全都是只有一條腿嗎？」

王爺聽後，便大聲拍掌，鴨子當場被驚醒，都站了起來。

王爺說：「鴨子不全是兩條腿嗎？」

廚師說：「對！對！不過，只有鼓掌拍手，才會有兩條腿呀！」

點評：

要使人始終處於施展才幹的最佳狀態，唯一有效的方法，就是表揚和獎勵。在下屬情緒低落時，激勵獎賞是非常重要的。身為管理者，要經常在公眾場合表揚佳績者，或贈送一些禮物給表現特佳者，以資鼓勵，激勵他們繼續奮鬥。一點小投資，可換來數倍的業績，何樂而不為呢？

【延伸閱讀】

君勿患。且使外為名於其內，鄉為功於其親，家為德於其妻子。若此，則士必爭名報德，無北之意矣。吾舉兵而攻，破其軍，並其地，則非特四萬二千金之利也。

——《管子．輕重乙》

您不必擔憂。讓士兵在外榮顯於鄉里，在內報功於雙親，在家有德於妻子，這樣，他們必然要爭取名聲，圖報君德，沒有敗退之心。我們舉兵作戰，能夠攻破敵軍，占領敵國土地，那就不只是四萬二千斤黃金的利益了。

行教半歲，父教其子，兄教其弟，妻諫其夫，曰：「見其若此其厚，而不死列陳，可以反於鄉乎？」

——《管子．輕重乙》

這個辦法實行才半年，百姓中父親告訴兒子，兄長告訴弟弟，妻子勸告丈夫，說：「國家待我們如此優厚，若不死戰於前線，還可以回到鄉里來嗎？」

齊桓公不計舊仇，任管子為相。管子相齊後，一心輔佐齊桓公成就霸業。管子對齊國進行了大刀闊斧的改革。在政治上，推行國、野分治的參國伍鄙之制；在經濟上，實行租稅改革，採取了若干有利於農業、手工業發展的政策；在管理上，主張禮法並用，禮以使人知廉恥，法以使人守規矩。管子的這些改革為齊國稱霸提供了基礎。

二十六　入鄉隨俗

管子曰：「隨時而變，因俗而動。」（語出《管子．正世》）

隨著時勢的發展而變化，依據不同的風俗而行動。

與人交往做到「入鄉隨俗」，能擁有好的人緣；開拓市場做到「入鄉隨俗」，能賺到豐厚的利潤。

隨著時勢的發展而變化，依據不同的風俗而行動。

管子的話語中，包含著「入鄉隨俗」的思想。

「入鄉隨俗」是處世的基本原則之一。

與人交往，我們必須尊重別人。而要真正做到尊重交往的對象，我們就必須尊重對方特有的風俗習慣。

概括而言，之所以要遵循「入鄉隨俗」的原則，主要有兩個方面的原因：

其一，是因為不同的地區、不同的民族、不同的國家，在其歷史發展的具體進程中，形成各自的宗教、語言、文化、風俗和習慣，並且存在著不同程度的差異。這種「十里不同風，百里不同俗」的局面，是不以人的主觀意志為轉移的，也是任何人都難以強求統一的。

其二，是因為在處世中注意尊重別人所特有的習俗，容易增進雙方之間的理解和溝通，有助於更好地、恰如其分地向對方表達自己的親善友好之意。

在與人交往的過程，當我們身為主人時，我們應「主隨客便」；而當我們身為客人時，則又應講究「客隨主便」。

「入鄉隨俗」也是企業市場開拓的基本原則之一。

企業在進行市場開拓時，要弄清目標市場的民風習俗。迎合習俗，可以給企業帶來許多行銷機會。同時，要避開目標市場的禁忌。

要重視目標市場的語言差異。名茶「茉莉花」遠銷歐美，但在東南亞卻打不開市場，原來「茉莉」音諧「沒利」，後來給「茉」字添兩點，即改為「萊」字，與「來利」諧音，銷路立即打開。

要研究目標市場的消費熱度。由於文化差異，不同地區、不同國家的顧客，對商品的態度和價值觀有很大的不同，不同的態度和價值觀會使消費者的購買行為表現出不同的特點和愛好。

總之，企業無論在自己國內開拓市場，還是在國外打開銷路，都必須要做到「入鄉隨俗」。只有重視目標市場的「地方化研究」，才能富有成效地開拓市場空間，成為競爭中的佼佼者。

【吃古通今】

傳說從前有兄弟二人，各自辦了貨物到裸國去做生意。

弟弟說：「生活富足的人自然衣食無憂，而窮人只有露其體膚了。現在去裸國，那裡沒有佛，沒有信徒僧眾，沒有法律，可以說是到了無人管制的地方。因此我們到那裡，想要迎合他們可以說是很難的。我們不如入鄉隨俗，言行隨他們的禮儀，謙虛耐心，想來這才是明智的做法。」

哥哥說：「禮儀不可丟，德行不能失，怎麼能夠像他們那樣光著身子來毀壞我的形象呢？」

弟弟說：「只要內裡是金，表面是銅，因時因地而去掉禮儀，雖剛開始會被人嘲笑，但到後來卻還會讓人嘆服的，審時度勢很重要啊！」然後就準備去裸國。

哥哥說：「不如先派人去，看看情形，聽他們怎麼說。」

弟弟回答：「好的。」

只有一天工夫，被派去的人就返回告訴哥哥說：「必須要遵守他們的禮儀。」

哥哥大怒道：「讓人脫光了像畜生一樣，這哪裡是君子所為呢？弟弟可以這樣做，我可不這樣做。」

這個國家的風俗是每月十五舉行夜市。弟弟用麻油塗面，白土畫在身上，戴上骨頭做的項鏈。當男男女女們相互拉著手，載歌載舞時，弟弟也隨著跳，該國人們都很欣賞嘆服。這樣一來，該國上下的人都對他恭恭敬敬，如上賓一樣。國王也拿出十倍的錢換他的貨物。

哥哥則乘車進入裸國，他對人們宣揚禮法，沒有「隨俗而動」，使得該國上下對他心生厭惡，於是便搶走了他的財物，還用棍棒打他。直到弟弟為他求情才放過他，讓他回到本國。回國時，送弟弟的人擠滿了道路，罵哥哥的聲音嘈雜刺耳。

點評：

變則通，通則久。只有聰明的人才知道入鄉隨俗，隨遇而安，愚蠢的人只會墨守成規，而一事無成。具體情況要具體分析，區別對待，凡事應從實際出發。如果只一味思想僵化、脫離實際情況而盲目地生搬硬套，其結果只會事與願違，在現實生活中四處碰壁。

【延伸閱讀】

桓公曰：「皮、幹、筋、角、竹箭、羽毛、齒、革不足，為此有道乎？」

管子曰：「唯曲衡之數為可耳。」桓公曰：「行事奈何？」管子對曰：「請以令為諸侯之商賈立客舍，一乘者有食，三乘者有芻菽，五乘者有伍養。天下之商賈歸齊若流水。」

——《管子．輕重乙》

桓公說：「我國缺少皮、骨、筋、角、竹箭、羽毛、象牙和皮革等商品，有什麼辦法解決嗎？」管仲回答說：「只有多方收購的辦法才行。」桓公說：「具體做法如何？」管仲回答說：「請下令為各諸侯國的商人建立招待客棧，規定擁有四馬所駕一車的商人，免費吃飯；有十二匹馬三輛車的商人，還外加供應牲口草料；有二十匹馬所駕五輛大車的商人，還給他配備五個服務人員。天下各國的商人就會像流水一樣聚到齊國來。」

二十七　切忌好高騖遠

管子曰：「請勿施於天下，獨施之於吾國。」（語出《管子・山至數》）

這辦法請不要先行於天下，應從本國做起。

人在走向目標的途中，最忌好高騖遠，不切實際。不符合現實的想法，永遠只是一個美麗的泡影。好高騖遠者，必將失敗。

據《管子．山至數》記載：

齊桓公問管仲：「終身享有天下而不失，這有辦法嗎？」

管仲回答說：「這辦法請不要先行於天下，應從本國做起。」

在管子看來，要想實現遠大的理想，就要腳踏實地，切忌好高騖遠。

所謂「好高騖遠」，是指那種不切實際地追求過高目標的心態。好高騖遠者往往總盯著過於遠大的目標，大事做不來，小事又不做，最終空懷夢想，一事無成。

現實生活中，我們必須摒棄好高騖遠之心，它就像緣木求魚、水中撈月一般。誰都希望自己的事業在最短的時間裡成就最大，但是不顧自己的實際情況，好高騖遠地追求更高更大的目標，一定會遭受失敗。凡事都是由小到大，從微薄到宏偉，絕不可能一蹴而成。

從那些失敗者走過的足跡上看，導致失敗的原因很多，好高騖遠就是其中一條。他們的想法和做法不切實際，恨不得一口吃成一個胖子，一下子把事業做大。過高地估計自己的才智，對一些所謂的小事情不屑去做，總認為自己應該去做更大、更重要的事情。豈不知這樣就等於把自己的事業建立在沙灘上，早晚有一天會轟然倒塌。

為自己的未來設置更高的目標，當然是可取的，但這並不意味著沉溺於不切實際的好高騖遠之中。而建立在現有基礎之上的那種對未來切合實際的追求，將會帶來更穩妥的成功。

成功的人都是「化整為零」的高手，他們把自己人生的大目標化解為一個個小目標，並以堅定的態度付諸於這每一個小目標的實際行動中。

其實，平凡簡單未必就是志向不高。只有把屬於自己的事情做好，定一個切實的目標，做到量力而為，不好高騖遠，也不標新立異，貴在真誠和務實，就一定會有收穫。

成功者從不朝秦暮楚，也不淺嘗輒止，而是以一顆平常的心去詮釋成功。他們做事有始有終，切合實際，不急躁、不盲目、不務虛，不僅有一套明確的目標和達到目標的具體方法，並且也付出最大的努力去實現他們的目標。

人應該有自己的追求目標，但追求目標一定要符合客觀實際，符合自己的能力水平。否則，就會白費精力，而一無所得。一個人有遠大的理想固然很好，但最重要的是要適合自己的實際情況。每個人的興趣愛好不同，每個人的能力有大有小，未來的發展道路自然也有差別。

選擇，關係著事業的成敗。為一個實際的目標而奮鬥，即使過程很艱難，也總有實現的可能。若是為了一個不切實際的目標而一意孤行，到最後只能是兩手空空。

【吃古通今】

古代有個叫養由基的人精於射術，且有百步穿楊的本領。相傳連動物都知曉他的本領。

一次，兩隻猴子抱著柱子，爬上爬下，玩得很開心。楚王張弓搭箭要射牠們，猴子毫不害怕，還對人做著鬼臉，仍舊蹦跳自如。這時，養由基走過來，接過了楚王的弓箭，於是，猴子便哭叫著抱在一塊，害怕得發起抖來。

有一個人仰慕養由基的射術，決心要拜養由基為師，經過多次請求，養由基終於同意了。收為徒後，養由基交給他一根很細的針，要他將針放在離眼睛幾尺遠的地方，整天盯著看，看了兩三天，這個學生有點疑惑，問老師說：「我是來學射箭的，老師為什麼要我做這種莫名其妙的事，什麼時候教我學射術呀？」

養由基說：「這就是在學射術，你繼續看吧！」

於是，這個學生繼續著這一枯燥的學習。

過了幾天，他便有些煩了。他心想我是來學射術的，看針眼能成為神射手嗎？這個徒弟不相信這些。

養由基又教給他練臂力的辦法。讓他一天到晚在掌上平端一塊石頭。伸直手臂，這樣做很辛苦，那個徒弟又想不通了，他想，我只想學他的射術，他讓我端這石頭幹什麼？

養由基看他好高騖遠、毫無耐性，也就由他去了。這個人最終也沒有學到射術。

點評：

秦牧在《畫蛋．練功》一文中講道：「必須打好基礎，才能建造房子，這道理很淺顯。但好高騖遠、想走捷徑的心理，卻常常妨礙人們去認識這個最普遍的真理。」故事中，跟養由基學射箭的那個人，就犯了好高騖遠的毛病，他最終也只能是一事無成。

【延伸閱讀】

桓公問管子曰：「終身有天下而勿失，為之有道乎？」管子對曰：「請

勿施於天下，獨施之於吾國。」

——《管子．山至數》

齊桓公問管仲：「終身享有天下而不失，有這樣的辦法嗎？」管仲回答說：「這辦法請不要先行於天下，應從本國做起。」

馬者，所乘以行野也。故雖不行於野，其養食馳，未嘗解惰也。

——《管子．形勢解》

馬，是用來騎乘奔馳於野的。所以，即使在不奔於野時，對於養馬，也不能懈怠。

造父，善奴馬者也。善規其馬，節其飲食，度量馬力，審其足走，故能取遠道而馬不罷。明主，猶造父也。善治其民，度量其力，審其技能，故立功而民不困傷。

——《管子．形勢篇》

造父，是善於奴馬的人。他細心照看他的馬，調節牠的飲食，度量牠的力氣，了解牠的速度，所以能奔行遠途而馬不疲乏。明主就像造父一樣，精心治理他的百姓，度量民力，了解他們的技能，所以能建立功績而民不困傷。

二十八　做人不能吝嗇

管子曰：「吝於財者失所親。」（語出《管子．牧民》）

吝嗇財物的人，總是無人親近。

做人不能吝嗇。吝嗇的人，喜歡凡事斤斤計較，他們不可能有好的人緣，也不可能有大的成就。

管子曰：「吝於財者失所親。」

吝嗇財物的人，總是無人親近。

說到吝嗇，不免讓人想起《儒林外史》中的嚴監生。

嚴監生臨死之前，伸著兩個指頭，怎麼也無法瞑目。眾人紛紛猜測他的意圖。

大侄子走上前問他：「二叔，你莫不是還有兩個親人沒有見面？」他搖頭。

二侄子又走過來說：「叔，莫不是還有兩筆銀子在哪裡沒有吩咐？」他又搖頭。

老媽子抱著嚴監生的兒子在一邊插嘴說：「老爺是想兩位舅爺不在眼前，因而記念著他們？」他閉上眼睛，只是搖頭，手依然指著。

他的填房老婆趙氏揩乾了眼淚，走上前來說：「老爺，別人說的都是不相干的事，只有我知道你的心思，你是為了燈盞裡頭點的是兩莖燈草不放心，怕浪費了油，我如今挑掉一根就是了。」說著走過去挑掉一莖燈草芯，嚴監生這才把頭一點，手垂下來，嚥了氣。

嚴監生臨死不忘指燈芯，可見其吝嗇的程度。吝嗇的人就是這樣，對於財物的任何支出都會感覺到一種近於生理性質的痛苦，這幾乎是他們的一種本能，他們再富裕也難以克服這種本能。因此，財產越多，支出的機會也越多，他們反而感覺越痛苦。

縱觀古今，還沒有一個吝嗇的人做成過大事，或者成為受人尊敬的人。金錢乃身外之物，而有人就是不能理解這一點，一生廣聚財富，對人卻極其吝嗇。

真正明瞭錢財是身外之物的人，他們也才知道怎樣去使用財物。能解人之難，救人之患，急人之急，不吝自己的財物，是有高尚道德的人。也正是這樣，才能團結人、吸引人和他們一起成就大事業。

如果一個人過於吝嗇自己的財產、金錢，他會因此而失去許多朋友，也會失去許多用金錢買不到的東西。

管子曾多次勸諫齊桓公不能吝嗇。管子在〈權修〉中也說：「察能授官，班祿賜予。」根據一個人的能力授予官職，並給予相應的俸祿和賞賜。

現實生活中，領導者辦事，貴在用人，而要用好人，則首先應給人以一些好處和利益。

換言之，領導者要想獲得下屬的忠心，其方法之一就是考慮下屬的利益要求。如果不考慮下屬的利益要求，一味地只要他們奉獻，這就猶如只要馬兒跑，卻不給馬兒草料一樣，久而久之，則必然人心渙散。

所以，領導者在對待下屬時，不能吝嗇，尤其是對於那些有才能的下屬更是如此。

【吃古通今】

唐代的嚴震，任山南西道節度使時，有一個人向他討錢謀生，嚴震就召集他的兒子公弼等人徵求意見，公弼認為是社會風氣太壞了，有人不事勞作，只想發財，完全可以不答應這種無理的要求。

嚴震聽了很不高興，他說：「你這樣吝嗇肯定會毀了我們家。做為兒子，你應該勸我盡力多做善事，怎麼可以勸我吝惜財物呢？這個向我借錢的人，一張口就要借三百，這不是個小數目，敢開口借這麼多錢的人，的確也不是一般的人。」

於是，嚴震讓手下的人如數把錢借給了那個人。這樣一來劍南西川、東川及山南西道三川的士子爭先恐後地歸順於嚴震，而且其中也沒有人提出什麼過分的要求。嚴震正是因為不吝嗇錢財而獲得了眾人的擁護。

點評：

吝嗇，俗稱小氣，「一毛不拔」。《顏氏家訓．治家》中有：「吝者，窮急不恤之謂也。」可見，吝嗇是一種有能力幫助他人卻不肯付諸行動的行為。吝嗇者自私、冷漠，斤斤計較於個人的得失，毫無憐憫之心，不關心周圍的事物，不願意幫助別人，因此很少有知心朋友，有了困難也很難得到他人的幫助。反之，遠離吝嗇，像嚴震一樣關心、幫助別人，就會得到別人的尊敬。

【延伸閱讀】

倉廩實，則知禮節；衣食足，則知榮辱。

——《管子．牧民》

糧食富裕，人們就知道禮節；衣食豐足，人們就懂得榮辱。

察能授官，班祿賜予。

——《管子．權修》

根據一個人的能力授予官職，並給予相應的俸祿和賞賜。

凡有地牧民者，務在四時，守在倉廩。國多財，則遠者來；地辟舉，則民留處。

——《管子．權修》

凡是一個國家的君主，必須致力於四時農事，確保糧食貯備。國家財力充足，遠方的人就能自動遷來；荒地開發得好，本國的人民就能安心留下。

羿，古之善射者也。調和其弓矢而堅守之，其操弓也，審其高下，有必中之道，故能多發而多中。明主，猶羿也。平和其法，審其廢置而堅守之，有必治之道，故能多舉而多得。

——《管子．形勢解》

后羿，是古代傑出的射手。他調好弓箭而堅持著，他操弓時，審視其高下，掌握必中目標的規律，所以能百發百中。賢明的君主，如同后羿一樣，調整好治國的法度，明察哪些應廢棄，哪些應建立，從而堅守法制，掌握必治的規律，所以能做到舉措總是得當。

二十九　領導者不可心存偏見

管子曰：「如地如天，何私何親？如月如日，唯君之節！」（語出《管子．牧民》）

像天地對待萬物，沒有什麼偏私偏愛；像日月普照一切，才算得上君主的氣度。

領導者對下屬不可心存偏見，否則不但不利於充分利用人才和人才的成長，而且不利於組織凝聚力的形成。

管子在《牧民》中有：「毋曰不同生，遠者不聽；毋曰不同鄉，遠者不行；毋曰不同國，遠者不從。如地如天，何私何親？如月如日，唯君之節！」

意思是說，不要因為不同姓，不聽取外姓人的意見；不要因為不同鄉，不採納外鄉人的辦法；諸侯國不要因為不同國，而不聽從別國人的主張。像天地對待萬物，沒有什麼偏私偏愛；像日月普照一切，才算得上君主的氣度。

在管子看來，君主要虛心聽取不同的意見，而不能心存偏見。

「心存偏見」是君主常犯的錯誤，也是現代領導者需要警惕的。

所謂「心存偏見」，是指對人或事物所持有的固定不變的看法，多指不好的看法。領導者如果僅僅透過某一件事或某一句話而對某個下屬心存偏見，那麼，無論對下屬還是組織，都極為不利。

（一）心存偏見不利於充分利用人才

領導者對下屬有偏見，一是因為下屬沒有做好某項工作，從而對該下屬有了不好的看法；二是聽了他人講述某下屬的負面行為，從而在潛意識裡對該下屬形成不良印象。以上兩種情況的出現，極有可能造成「人不盡才」的結果。因此，針對第一種情況，領導者應充分明白「尺有所短，寸有所長」的道理，認識到任何人都不可能是全才，不可能做什麼事情都成功。針對第二種情況，領導者應牢記「兼聽則明，偏信則暗」的道理，要從不同的角度考察、評價某個下屬，切忌偏聽偏信。

(二) 心存偏見不利於人才的成長

競爭在很大程度上是人才的競爭。而人才的成長需要一個過程，即使是直接從外部引進的人才，也需要對組織有一個熟悉的過程，然後才能發光發熱，貢獻力量。因此，領導者要用發展的眼光看待人才，尤其是新引進的青年人才，他們總想儘快得到認可，但是由於經驗不足，容易犯錯。此時，領導者切忌透過某一件事、某一句話而對其產生某種偏見。這樣對人才的成長極為不利，要麼會使他們對自己的前途感到失望，從而產生得過且過的想法，要麼導致人才流失。

(三) 心存偏見不利於組織凝聚力的形成

如果領導者對某個下屬有偏見，就可能在潛意識裡認為該下屬所做的一切都是錯的，從而對該下屬的工作設置重重「關卡」。這樣做不但會挫傷該下屬工作的積極性，而且也容易產生「上行下效」的效應，使得其他人也與該下屬合不來，最終不利於組織凝聚力的形成。

【吃古通今】

劉鈴到某軟體公司應徵。一路過五關斬六將，劉鈴覺得進入這家公司應該是板上釘釘的事情了，按照常理，總裁面試其實也就是例行公事地檢查各部門工作的情況，並表明一下公司對員工的重視程度而已。

寒暄過後，總裁的提問讓劉鈴頗感詫異，「年齡？」愣了一下的劉鈴還是很誠實的回答：「二十八歲。」總裁欣賞的目光一下子黯淡了下來，說了一句讓劉鈴更加詫異的話：「對不起，小姐，我們不招募這個年齡區間的女員工。」

納悶的劉鈴找到了軟體公司的市場總監，得到了問題的答案：「對不起，我們老闆因為對二十七八歲的年輕女子懷有偏見，公司一般很少引進這個年齡區間的人才。」

劉鈴非常鬱悶地走出這家軟體公司，腦子裡還縈繞著剛才與總裁見面的情景。

點評：

領導者要想避免偏見，首先，必須從思想上認知偏見的危害；其次，組織內部要建立相對公開的用人體系，公開最有利於公平公正，而且也比較容易找出偏見所在；再次，要建立不能一個人說了算的工作流程。

【延伸閱讀】

御民之轡，在上之所貴；道民之門，在上之所先；召民之路，在上之所好惡。故君求之，則臣得之；君嗜之，則臣食之；君好之，則臣服之；君惡之，則臣匿之。

——《管子．牧民》

駕馭人民奔向什麼方向，看君主重視什麼；引導人民走什麼門路，看君主提倡什麼；號召人民走什麼途徑，看君主好惡什麼。君主追求的東西，臣下就想得到；君主愛吃的東西，臣下就想嘗試；君主喜歡的事情，臣下就想實行；君主厭惡的事情，臣下就想規避。

天下不患無臣，患無君以使之；天下不患無財，患無人以分之。

——《管子．牧民》

天下不怕沒有能臣，怕的是沒有君主去使用他們；天下不怕沒有財貨，怕的是無人去管理它們。

三十　以溝通促進「人和」

管子曰：「上下不和，雖安必危。」（語出《管子・形勢》）

上下不和，雖然暫時安定，最終也必然危亡。

「人和」是企業發展的基礎，而要做到「人和」，企業就必須重視各部門之間的溝通。

自古以來，中國就講求「人和」。所謂「和」，就是調整人際關係，講團結。對治國而言，和能興邦；對經商而言，和能生財。所以，中國歷來把「人和」作為事業成功的要素之一。

《管子．形勢》中說：「上下不和，雖安必危。」上下不和，雖然暫時安定，最終也必然危亡。

《管子．五輔》中說：「上下和同，而有禮義，故處安而動威。」上下協調而有禮儀，這才會生活安定而辦事有威信。又說：「和協輯睦。」和睦團結才能生活安定。「和」是事業成功的關鍵。齊桓公之所以能成就霸業，與管仲、鮑叔、寧戚、隰朋、易牙、賓胥無等的大力輔佐有很大關係。可以說，正是「上下和」，才成就了齊桓公的霸業。

管子「人和」的思想，對於現代企業管理有極其深遠的意義。奇異公司總裁傑克威爾許曾說：「現代企業必須使公司更團結、更容易與人溝通，並鼓勵員工同心協力為越來越挑剔的顧客服務，這樣才能成為真正的贏家。」

那麼，怎樣才能營造這種和諧的氛圍呢？

溝通是較好的方法。透過溝通可以增強員工的信心，可以把團隊的目標深入到團隊中每一位成員的心中，集合每個人的力量，將之引向整個團隊最終追求的目標。

在這方面做得最為出色的是美國奇異公司。該公司從最高決策層到各級主管，均實行敞開式辦公，即「門戶開放」政策，隨時歡迎員工進入他們的辦公室反映各種情況。最具特徵的一點就是：公司從上到下，無論是總經理還是一般員工沒有尊卑之分。提倡互相尊重，相互依賴，上下級之間的關係非常親切、融洽，員工的感覺就像是一個和睦的大家庭。正是在這種感情溝通式的管理下，奇異公司的發展速度遠遠超過其他公司。

中外事業有成的企業無不視溝通為管理的真諦。一個企業要實現高速運轉，要讓企業充滿生機和活力，有賴於下情能為上知，上意迅速下達，有賴於部門之間互通訊息，同甘共苦，協同作戰，充分強調員工間家庭般的和諧與溫暖。良好、順暢的溝通讓員工感覺到企業對自己的尊重和信任，從而產生極大的責任感、認同感和歸屬感，促使員工以強烈的責任心和奉獻精神為企業工作。此外，溝通還能化解矛盾、澄清疑慮，消除誤會。

總之，溝通能創造和諧，贏得人心，能凝聚出一股士氣和鬥志。這種士氣和鬥志，就是支撐企業大廈的中堅和脊梁。有了這樣的中堅和脊梁，必定人心所向，企業必然有大的發展。

【吃古通今】

一九六二年，玫琳凱退休回家。然而，她不甘寂寞。

一九六三年九月十三日，她以五千美元創辦了玫琳凱化妝品公司。公司有一間面積為五百平方英呎的店面，二十歲的兒子理查給她當助手，還有九名熱心的女性職員——玫琳凱應徵來的第一批美容師。

玫琳凱做過二十五年的推銷工作，目睹了不少企業的成敗興衰，知道企業成敗的關鍵在於，是否尊重每一個員工。

玫琳凱將重視員工的著眼點放在了員工「對顧客負責，為顧客服務」上。首先要「對顧客負責」，這就是優質產品。事實上，玫琳凱化妝品公司是以成藥製藥廠的身分，向食品與藥物管理局登記註冊的，公司所生產的化妝品都符合製藥廠的工業標準。

優質產品與完美服務，來自玫琳凱實施的「個人式溝通」的管理理念。

玫琳凱為公司制定的管理原則是「上帝第一，家庭第二，事業第三」——家庭應在個人事業之上，在處理好家庭的基礎上，才能毫無後顧之憂地投身事業。如此，玫琳凱化妝品公司「自行規定上班時間」的女性推銷員隊伍，最多時達十幾萬人。

「個人式溝通」制度的基礎是：關心員工，善於聽取員工們的意見和建議。為了貫徹「個人式溝通」，公司員工生日時，都會收到一份生日卡和兩份免費午餐招待券；「祕書週」的時候，所有祕書都會獲得一束鮮花和一個有紀念意義的咖啡杯；而新的員工進入公司，第一個月內會獲得玫琳凱的親自接見，並被徵詢是否適應所擔當的工作；公司員工有什麼委屈、困難，都可以直接找玫琳凱申訴、反映……

為了貫徹「個人溝通」，玫琳凱制定了一系列的「讚美」的措施——每位推銷化妝品的美容師，在第一次賣出一百美元的化妝品後，就會獲得一條緞帶作為紀念；公司每年都要在總部的「達拉斯會議中心」，召開一次盛況空前的「年度討論會」，參加討論會的是從陣容龐大的推銷隊伍中推選出來的代表，會上，讓有卓越成績的推銷員穿著代表最高榮譽的「紅夾克」上臺發表演說；為成績最好的美容師頒發公司最高榮譽的獎品——鑲鑽石的大黃蜂別針和貂皮大衣，並在公司總部最顯眼的地方掛上一張比真人還大的照片，在公司發行的通訊刊物《喝彩》月刊上，把公司各個領域中名列前茅的一百人的姓名與照片刊載出來……

有個美容師，第一、第二次展銷會上都沒賣出過什麼，第三次展銷會上也只賣出了不引人注目的三十五美元的東西。她的上司海倫按照玫琳凱的管理原則，表揚她：「你賣出了三十五美元的東西，那實在太棒了！」海倫的讚美和鼓勵，使那位美容師激動不已，後來終於取得了可喜成績。海倫也因為善於「運用讚美」來激勵部屬，得到玫琳凱的重用。

有一段時間，公司的銷售額上不去。在公司舉行的大會上，玫琳凱宣布：

「每個美容師每週要在十個不同地點舉辦化妝品展銷。」話音剛落，下面就議論紛紛，其中有一個人說：

「如果您本人能一週在十個不同地點舉辦化妝品展銷，我們就能夠。」

這可將了玫琳凱的軍。她自己參加辦展銷，那還是創業之初的事。近十年來，她很少親自辦展銷會了。

玫琳凱接受了這個挑戰。她放下總經理的架子，拜能者為師，花了很多時間進行試訓演練，不久，她在一週之內真的舉辦了十次化妝品展銷。

公布那一週零售額的名次，玫琳凱名列全公司第三位。消息傳開，員工們大吃一驚。如此一來，玫琳凱辦到的，大家也辦到了，全公司十多萬銷售人員爭先恐後，營業額一路攀升。

玫琳凱「個人式溝通」的結果是：一九九三年，公司的銷售額達七點三七億美元，利潤額四千八百萬美元，資產額五點二四億美元。

點評：

企業管理者在進行管理時，應該跟下屬多進行溝通，只有善待下屬，下屬才會善待你。玫琳凱的「溝通式」管理，就是最好的證明。

【延伸閱讀】

上下和同，而有禮義，故處安而動威。

——《管子·五輔》

上下協調而有禮儀，這才會生活安定而辦事有威信。

蛟龍，水蟲之神者也。乘於水則神立，失於水則神廢。人主，天下之有威者也。得民則威立，失民則威廢。蛟龍待得水而後立其神，人主待得民而後成其威。故曰：「蛟龍得水而神可立也。」

——《管子．形勢解》

蛟龍，是水蟲當中的神靈。有水，神就立；失水，神就滅。君主，是天下有權威的人。得人民擁護就有權威，失去人民權威就消失。蛟龍得水而後才有神靈，君主得人民擁護而後才有權威。所以說：「蛟龍得水，而神可立也。」

三十一　遠離懶惰

管子曰：「怠倦者不及，無廣者疑神。」（語出《管子．形勢》）

懶惰的人總是落後，勤奮的人總是辦事神速有效。

任何一種傑出的成就都與好逸惡勞的懶惰品性無緣，個人奮發向上的辛勤實幹才是取得成功所必須付出的代價。

管子鄙視懶惰。

管子在〈形勢〉中說：「怠倦者不及。」懶惰的人總是落後。

懶惰，是一種惡習。人一旦懶惰，就會精神萎靡，做事提不起興趣，得過且過。

現實生活中，懶惰的人大都沒有雄心壯志和負責精神，寧可期望別人來領導和指揮，也不肯自己奮鬥，就算有一部分人有著遠大的目標，也缺乏行動的勇氣。

懶惰會吞噬人的心靈，使自己對那些有所成就的人充滿嫉妒。懈怠會引起無聊，無聊也會導致懶散。懶惰的人會花費很多精力來逃避工作，卻不願花相同的精力努力完成工作。他們以為自己騙得過別人，其實，他們愚弄的卻是自己。

懶惰的人都有拖延的毛病。對一個渴望成功的人來說，拖延最具破壞性，也是最危險的惡習，它使人喪失進取心。一旦開始遇事推拖，就很容易再次拖延，直到變成一種根深蒂固的習慣。習慣性的拖延者通常也是找藉口與託辭的專家。如果一個人存心拖延逃避，他就能找出成千上萬個理由來辯解為什麼事情無法完成，而對事情應該完成的理由卻想得少之又少。把「事情太難、太費時間」等種種理由合理化，要比相信「只要我更努力、信心更強，就能完成任何事」的念頭容易得多。

總之，懶惰是一種腐蝕劑，它會使人碌碌無為，虛度一生。

與懶惰相對的是勤勞。勤勞，是人的優秀品格之一。

管子曰：「無廣者疑神。」勤奮的人總是辦事神速有效。

對於懶惰與勤奮，管子有一個非常有趣的比喻：

「如果說，辦事神速的已經進入室內，那麼，落後的還在門外。進入室內的可以從容不迫，在門外的必將疲憊不堪。」

要想遠離懶惰，人就必須勤勞。勤勞是通向成功的唯一的捷徑。

如果春天沒有耕耘的辛勞，那麼秋天就不會有收穫的喜悅。學習如此，做事亦是如此。要想獲得成功，就必須經過艱辛的奮鬥。

管子曰：「曙戒勿怠，後稚逢殃。朝忘其事，夕失其功。」黎明時玩忽怠惰，日暮時就要遭殃。早上忘掉了應做的事情，晚上就什麼成果也沒有。

一分耕耘，一分收穫。只有辛勤勞動的汗水，才能換取成功的笑臉與歡樂！

【吃古通今】

有一個青年，二十歲的時候，因為沒有飯吃而餓死了。

閻王從生死簿上查出，這個青年應該有六十歲的陽壽，他一生會有一千兩黃金的福報，不應該這麼年輕就餓死。

閻王心想：「會不會財神把這筆錢貪汙掉了呢？」於是把財神叫過來質問。

財神說：「我看這個人命裡的文才不錯，如果寫文章一定會發達，所以把一千兩黃金交給文曲星了。」

閻王又把文曲星叫來問。

文曲星說：「這個人雖然有文才，但是生性好動，恐怕不能在文章上發展，我看他武略也不錯，如果走武行會較有前途，就把一千兩黃金交給武曲星了。」

閻王再把武曲星叫來問。

武曲星說：「這個人雖然文才武略都不錯，卻非常懶惰，我怕不論從文從武都不容易送給他一千兩黃金，只好把黃金交給土地公了。」

閻王再把土地公叫來。

土地公說：「這個人實在太懶了，我怕他拿不到黃金，所以把黃金埋在他父親從前耕種的田地裡，從家門口出來，如果他肯挖一鋤頭就挖到黃金了。可惜，他的父親死後，他從來沒有用這鋤頭，就那樣活活餓死了。」

最後，閻王判了「活該」，然後把一千兩黃金繳庫。

點評：

真正的幸福絕不會光顧那些精神麻木、四肢不勤的人，幸福只在辛勤的勞動和晶瑩的汗水中。懶惰，只有懶惰才會使人沮喪、萬念俱灰；勞動，只有勞動才能創造美好的生活，給人帶來幸福和快樂。

【延伸閱讀】

怠倦者不及，無廣者疑神。神者在內，不及者在門。在內者將假，在門者將待。曙戒勿怠，後稚逢殃。朝忘其事，夕失其功。

——《管子．形勢》

懶惰的人總是落後，勤奮的人總是辦事神速有效。如果說，辦事神速的已經進入室內，那麼，落後的還在門外。進入室內的可以從容不迫，在門外的必將疲憊不堪。所以，黎明時玩忽怠惰，日暮時就要遭殃。早上忘掉了應做的事情，晚上就什麼成果也沒有。

三十二　「殺雞儆猴」的策略

管子曰：「請以令召城陽大夫而請之。」（語出《管子．輕重丁》）

請下令召見城陽大夫並對他進行譴責。

所謂「殺雞儆猴」，是指殺雞給猴子看，比喻用懲罰一個人的辦法來警告其他人。

有一天，齊桓公對管仲說：「許多大夫都隱藏他們的財物而不肯提供出來，糧食爛了也不肯給貧民。」

管仲回答說：「請下令召見城陽大夫並對他進行譴責。」

齊桓公問：「怎樣對他進行譴責呢？」

管仲回答說：「這樣講：『城陽大夫，你姬妾穿著高貴的衣服，鵝鴨有吃不完的剩食，鳴鐘擊鼓，吹笙奏篪，同姓進不了你的家門，伯叔父母遠近兄弟也都寒不得衣，饑不得食。你這樣還能盡忠於我嗎？你再也不要來見我了。』然後免掉他的爵位，封禁門戶不准他外出。」

齊桓公採納了管仲的建議。如此一來，大臣們都爭著拿出積蓄，救濟遠近兄弟。這還感到不夠，又收養國內的貧、病、孤、獨、老等不能自給的人，使之得有生計。齊國因此而呈現一片欣欣向榮的景象。

其實，在此管仲運用的是一種「殺雞儆猴」的策略。

相傳猴子是最怕見血的，馴猴的人首先當面把雞殺給牠看，叫牠看看血的厲害。才可以逐步進行教化。捉猴子的人就採用這殺雞戰術，不管牠怎樣頑強抗拒，只要雄雞一聲慘叫，鮮血一出，猴子一見，便全身軟了，任由其捕捉。

所謂「殺雞儆猴」，即是「殺一儆百」，有威脅恫嚇之意，這是權術，是馭眾手段。在眾說紛紜、工作受到許多阻撓的時候，為使步驟一致，法令得以貫徹執行，非以嚴厲手段對付不可。

「治亂世，用重典；治亂軍，用嚴刑。」孔子誅少正卯，雖然不合情理，卻因這一刀而使權臣畏懼，市井安然；孔明於揮淚斬馬謖之時說：「昔孫武所以能制勝天下者，用法明也，今四方紛爭，兵交方始。若廢法何以討賊，不明正軍律何以服眾？」這就是平亂與治亂的權術，是「殺雞儆猴」的妙用。

現實生活中，領導者難免會遇到一些難以管理的下屬，在經過挽救後，其仍然我行我素，那就不防運用「殺雞儆猴」的策略，對出現了違規行為的「雞」加以懲罰，意欲違規的「猴」會從中深刻地意識到組織規定的存在，從而加強對自己行為的約束。

當然，領導者必須注意，管理下屬應本著「以人為本」的原則，對能挽救和值得挽救的下屬應給予改正的機會，切忌因「殺雞」而失去人心。

【吃古通今】

姜太公滅了商紂，周朝建立之後，要網羅一批人才為國家效力。

在齊國有一個賢人狂橘，很為地方上人士推崇。姜太公慕名，想請他出來做事，拜訪了三次，都吃了閉門羹。

有一天，姜太公忽然把他殺了，周公旦想救也來不及，問姜太公：「狂橘是一位賢人，不求富貴顯達，自己掘井而飲，耕田而食，正所謂隱者無累於世，為什麼把他殺了呢？」

姜太公說：「四海之內，莫非王土，率土之濱，莫非王臣。在天下大定之時，人人應為國家出力。只有兩個立場，不是擁護就是反對，絕不容有猶豫或中立思想存在，以狂橘這種不合作態度，如果人人學他樣，那還有什麼可用之民、可納之餉呢？所以把他殺了，目的在於以儆效尤！」

果然經此一殺，其他想隱士的賢人都不敢再自命清高、隱居下去了。

點評：

領導者要知道，懲罰不是目的，而是手段，是要達到預定的目標。在拉丁文字裡，「懲罰」的意義就是「教導」。懲罰的輕重完全視領導者想「教導」對方的程度而定。

【延伸閱讀】

城陽大夫，嬖寵被絺絡，鵝鶩含餘秣。齊鐘鼓之聲，吹笙篪，同姓不入，伯叔父母遠近兄弟皆寒而不得衣，饑而不得食。子欲盡忠於寡人能乎，故子毋復見寡人。

——《管子．輕重丁》

城陽大夫，你姬妾穿著高貴的衣服，鵝鴨有吃不完的剩食，鳴鐘擊鼓，吹笙奏篪，同姓進不了你的家門，伯叔父母遠近兄弟也都寒不得衣，饑不得食。你這樣還能盡忠於我嗎？你再也不要來見我了。

功臣之家，皆爭發其積藏，出其資財，以予其遠近兄弟。以為未足，又收國中之貧病孤獨老不能自食之萌，皆與得焉。故桓公推仁立義，功臣之家

兄弟相戚，骨肉相親，國無饑民。此之謂繆數。

——《管子．輕重丁》

如此一來，大臣們都爭著拿出積蓄，救濟遠近兄弟。這還感到不夠，又收養國內的貧、病、孤、獨、老等不能自給的人，使之得有生計。所以，齊桓公推仁行義，功臣世家也就兄弟關心，骨肉親愛，國內沒有饑餓的人民了。

管子與鮑叔牙很小就認識，是非常要好的朋友。管子家貧，鮑叔牙家比較富有，但他們之間彼此了解，相互信任。管子與鮑叔牙早年曾合夥經商，管子的本錢少，分紅的時候卻拿得多。鮑叔牙從不計較，他知道管子的家庭負擔大，還經常問管子錢夠不夠用。也正是由於鮑叔牙竭力推薦，管子才能免於一死，被齊桓公重用。

三十三　競爭中的「障眼法」

桓公問於管子曰：「楚者，山東之強國也。其人民習戰鬥之道。舉兵伐之，恐力不能過。」管子對曰：「即以戰鬥之道與之矣。」（語出《管子．輕重戊》）

桓公問管仲：「楚國是山東的強國。楚國人民善於戰鬥，我想舉兵攻伐，又擔心實力不行。」管子回答說：「那就將軍事上的競爭之道用於經濟上好了。」

明修棧道，暗渡陳倉。用假象去迷惑對方，讓對方逐漸渾然不知地走向誤區，往往會取得事半功倍的效果。

兵法云：明修棧道，暗渡陳倉。比喻用一種假象迷惑對方，實際上卻另有打算。這裡的明修棧道，其實就是一種「障眼法」，故意讓對方被自己製造的假象迷惑，以產生有利於自己的錯誤判斷。

善戰者，不戰而屈人之兵。管子運籌帷幄，常在經濟方面給對手製造一些假象，誘使對方的決策者做出錯誤判斷，無形中就將周邊小國輕易收服。《輕重》篇中就有很多類似的故事。

齊桓公欲收服鄰國代國。一天，他來向管子徵求意見。

桓公問管仲說：「代國的特產有什麼？」

管仲回答說：「代國的特產為狐白的皮革，您可出高價收購它。」

管仲接著說：「狐腋的白毛根據寒暑變化，六個月才出現一次。您以高價收購，代國人忘其難得，喜其價高，一定會成群結隊地去獵取。這樣，齊國的金錢還沒付出，代國的民眾都會捨棄農耕而鑽進深山老林之中。離枝國聽到這個消息，一定會入侵代國的北部。離枝國人侵其北，代國必定會歸順齊國。您可馬上令手下人帶錢去收購。」

桓公說：「好。」立即命令中大夫王師北，帶領人員帶著錢到代國，求購狐白之皮。

代王聽說此事，馬上對其丞相說：「代國之所以比離枝國弱，就在於沒有錢。現在齊國來用錢購買狐白之皮，這是代國的福份。你趕快下令百姓去收取狐白之皮，以換取齊國的金錢。我將用它招來離枝國的民眾。」

代國百姓果然捨棄農業，進入山林之中，尋求狐白之皮。二十四個月還湊不成一張。離枝國聽說後，則準備入侵代國北部。代王聞之大驚，只好帶領士卒保衛代國。離枝國終於占領代國北部。代王便率領其士卒，自願歸順齊國。齊國未花一錢，僅遣使交往，三年後代國就歸順了。

管子用「障眼法」使代國掉進了自己設置的陷阱。《暗渡陳倉》中載：「著樊噲明修棧道，俺可暗渡陳倉古道。這楚兵不知是智，必然排兵在棧道守把。俺往陳倉古道抄截，殺他個措手不及也。」管子明修棧道，暗渡陳倉。先是以利誘之，將代國牽著鼻子走；然後，等代國誤入歧途時，代國北面的離枝國就乘機攻了代國一個措手不及；最後，齊國就坐收漁利，不費一兵一卒就將代國成功收服。

一葉蔽目，不見泰山。「障眼法」通常為貶義詞，對它的運用甚至會受到道德因素的制約。但做為一種計謀，藉障眼法以瞞天過海，明修棧道、暗渡陳倉，對想在競爭中立於不敗之地的人來說，都是必不可少的。

【吃古通今】

在美國費城，一位老闆開了一家商店，名叫「紐約貿易商店」。不久，又來了一位老闆，好像故意要與前一位老闆作對似的，竟然牆挨牆地又開了一家同樣的商店，名叫「美洲貿易商店」。真是冤家路窄，兩家從開始時的互相競爭，很快演變成互相「競罵」。

「紐約貿易商店」掛出招牌：「新到愛爾蘭亞麻被單，質量上乘，價格低廉，每條六點五元。」這時，「美洲貿易商店」立即針鋒相對地掛出招牌：「只有我們的被單才貨真價實，每條五點九五元，大家要擦亮雙眼，謹防假冒。」接著，雙方對罵，然後又競相降價，最後，「紐約貿易商店」支持不住了，只好敗下陣來。於是人們爭相到「美洲貿易商店」搶購，直到搶走最後一條床單為止。大家都以為買到了最便宜的商品。

許多年以後，其中的一位老闆去世了，另一位老闆也停業搬了家。人們覺得很奇怪：本來競爭對手失去了，就可以獨占市場，為什麼要停業？後來人們才知道，兩位老闆是親兄弟，他們所進行的互相「競罵」原來是在演戲，所有的競爭價格都是騙人的，一方競爭失敗，會使另一方的商品全部售出。

點評：

兄弟倆明裡是在互相競爭，而暗中的目的卻是招徠顧客。他們知道，「貨比三家」，顧客都有一種喜歡比較的心理，那些便宜的、實惠的、優質的，總是更能受到他們的關注和喜愛。於是，他們就主動營造了一種「競爭」的假象，這種障眼法在某種程度上迷惑了顧客的認知力和判斷力，使他們對自己的商店趨之若鶩。

【延伸閱讀】

管子對曰：「楚錢五倍，其君且自得，而修穀，錢五倍，是楚強也。」桓公曰：「諾。」且令人閉關，不與楚通使。楚王果自得而修穀。穀不可三月而得也，楚糴四百。齊因令人載粟處芊之南，楚人降齊者十分之四。三年而楚服。

——《管子．輕重戊》

管子回答說：「楚國的錢幣增加了五倍，楚王將會很得意，輕忽自家的農業生產。因為金錢增加五倍，表示他楚國變的強盛了。」桓公說：「對。」於是派人封閉關卡，不與楚國通使往來。楚王果然漫不經心地經營農業，但糧食不可能三個月就生產出來。於是，楚國糧食賣價高達每石四百錢。齊國便派人將糧食運到臨近楚國的芊地南部出售，楚國投奔齊國的人就佔了總人口的十分之四。三年後楚國歸順齊國。

三十四　做事必須選擇正確的時機

管子曰：「令有時。無時則必視順天之所以來，五漫漫，六惛惛，孰知之哉？」（語出《管子·四時》）

發布政令要講時節。不講時節便違反了天道。必須視察天時的由來，才能順應天時。對日、星、歲、辰、月茫然無知，對陰、陽、春、夏、秋、冬糊裡糊塗，怎能了解客觀世界？

在正確的時間做正確的事。即是說，做事應考慮結果，即使是做好事，行動也要選擇正確的時機。

做事要抓住時機，應時而動。人是在一個既定的環境下開始個人的活動的，時間和空間、環境與人事隨時都在變化之中。如果與客觀環境相違背，逆時而動，事情就不會達到應有的效果。

管子在〈四時〉中說，不了解四時，就將失去立國的根本；不知五穀的生長規律，國家就會衰敗。

管子認為，東方為星，它的時令是春。它的氣是風，風生木和骨。它的德性是喜歡生長，於是萬物按時節出生。這個季節應該做的事情便是：發布政令修理、清掃神位，修治堤防，耕田植樹，修築橋梁渡口，疏通渠道，整修屋頂以便行水，解仇怨，赦罪人，修睦四方鄰國。這樣和風甘雨就會到來。而如果在春天實行冬天的政令，就將草木凋零；實行秋天的政令，就將出現霜凍；實行夏天的政令，就會出現旱熱。

除春季外，管子還對夏、秋、冬各季統治者應實行的政令進行了詳細的論述。管子這種應時而動、順應天道的主張在古時得到了普遍的認同，《老子》、《孟子》、《莊子》、《荀子》等都有相關的論述。

管子關於四季應時而動、應時而變的論述告訴我們，做事要順其自然，把握正確的時機，而不可逆時而動。

成功者之所以成功，就在於其對時勢、機遇的把握。無機會時順應大局，依勢而為；有機會時迅速出擊，「不飛則已，一飛沖天」。

順應時勢，該動則動，該止則止，這樣做事常會取得事半功倍的效果。反之，如果按照某種主觀願望來干擾或違背客觀規律，則只會適得其反，自取其敗。

為人處世亦是如此。與人共處於世，對不同的人要採取不同的方法，要順應時勢，按照實際情況靈活應變。這樣才能明智審慎，使自己成為社交場上最精明的操控者。把握時機，順應時勢，是最為實用的處世藝術，更是真正的處世智謀。

【吃古通今】

西元前二一〇年，秦始皇病死，秦始皇的小兒子胡亥即位，這就是秦二世。

秦二世是個昏庸殘暴的皇帝。在他的統治下，百姓的徭役賦稅負擔更為沉重，刑法越加苛毒。廣大勞動人民在饑餓與死亡線上掙扎。西元前二〇九年，秦二世下令徵發淮河流域的九百名貧苦農民去防守漁陽。

傭農出身的陳勝和貧農出身的吳廣被指定為屯長。當他們走到蘄縣大澤鄉的時候，連綿的陰雨把他們阻隔在這裡，不能如期趕到漁陽戍地。按照秦法規定，誤了期限就要全部被處死。

押送他們的兩個軍尉非常凶暴，陳勝和吳廣就藉機把軍尉殺掉，接著對大家說：「各位遇到大雨，都已誤期，誤期要被處斬。即使不殺我們，而戍邊死的也有十之六七。何況壯士不死則已，如果死，就要幹出一番轟轟烈烈的事業來！」

他們的話激勵了戍卒的鬥志。大家推舉陳勝為將軍，吳廣為都尉，提出了「伐無道，誅暴秦」的口號，組成一支農民起義軍。中國歷史上第一次農民大起義爆發了。

為了擴大影響，他們夜晚在駐地附近神祠中燃篝火，作狐鳴，發出「大楚興，陳勝王」的呼聲，被民間傳為神話。陳勝、吳廣率領農民起義軍，占領大澤鄉、攻下蘄縣，很快攻占了五六個縣城。起義軍所到之處，貧苦農民紛紛響應。陳勝、吳廣領導的起義軍攻占陳縣後，建立了「張楚」政權，陳勝為王。這是中國歷史上第一個農民革命政權。

起義軍乘勝前進，分三路攻秦。這時起義軍已發展壯大到幾十萬人，有兵車千輛。起義軍的一路人馬由周文率領的農民軍很快進抵關中的戲地，逼近咸陽。農民軍的另一路人馬由武臣率領占領了舊趙都城邯鄲後，在混進起義軍隊伍的舊貴族勢力的代表人物張耳、陳餘慫恿下自立為趙王。

後來，農民起義軍終因實力懸殊，作戰經驗欠缺，以及內訌等原因而遭致失敗。但這支起義軍的殘餘力量後來與項羽、劉邦等人領導的起義軍會合，繼續與秦軍戰鬥。西元前二〇六年，秦王朝在農民起義軍的沉重打擊下滅亡了。

點評：

陳勝、吳廣面對危機，不但順應時勢，挺身而出，而且主動營造有利於自己的時機，終成為歷史上第一支農民起義軍的領袖。雖然最後失敗了，但他們這種順勢而動的果斷使他們的英名永載史冊。他們在關鍵時刻對時機的正確把握，至今仍給我們以啟迪。

【延伸閱讀】

是故春凋秋榮，冬雷夏有霜雪，此皆氣之賊也。刑德易節失次，則賊氣速至，賊氣速至則國多菑殃。是故聖王務時而寄政焉，作教而寄武焉，作祀而寄德焉。此三者聖王所以合於天地之行也。

——《管子．四時》

因此，春天草木凋零，秋天草木繁榮，冬天打雷，夏天霜雪，這些都是反常之氣。刑罰和德政違背了時節，失去次序，反常氣象馬上就會出現。反常氣象驟然而至，國家就多禍殃。所以聖王順時頒行政令，根據教化推行武事，安排祭祀顯示德行。這三項都是聖王為配合天地的規律而採取的措施。

南方曰日，其時曰夏，其氣曰陽。陰生火與氣，其德施捨修樂。其事：號令賞賜賦爵，受祿順鄉，謹修神祀，量功賞賢，以動陽氣。九暑乃至，時雨乃降。五穀百果乃登，此謂曰德。

——《管子．四時》

南方為日，它的時令為夏，它的氣是陽，陽生火和氣。它的德性是施捨和修樂。這個季節的事情是：發布命令順時行賞，封爵授祿，祭祀神靈，量功賞賢，以助陽氣。於是大暑就將到來，時雨就會下降，五穀百果就會豐收，這叫做是德。

三十五　不要忽視對權力的監督

管子曰：「有道之君，上有五官以牧其民，則眾不敢逾軌而行矣；下有五橫以揆其官，則有司不敢離法而使矣。」（語出《管子．君臣》）

有道之君在上面設立五官治理人民，人民就不敢越軌行事；在下面設立五橫糾察官吏，官吏就不敢違法用權。

權力是一個中性的東西，它本身無所謂好壞和對錯。但可以肯定的是，如果對擁有強制性、權威性等特徵的權力不加限制和制約，無疑會導致腐化。

權力通常指特定主體因為擁有一定的資源或者優勢，而得到支配他人或者影響他人的力量。權力的集中有利於管理者進行果斷的決策，權力的分散有利於決策迅速有效地得到執行。其實，無論集中還是分散，只要是權力，都應受到監督。

管子在《君臣》中認為，君德沒有樹立，婦人就能窺伺他的想法；國家沒有常法，大臣就敢侵奪他的權勢。大臣可以利用女人的作用來刺探君主的意圖，寵婦可以利用男人的智謀來援引外部力量。於是造成婦人外疏、太子危險的局面，內部發生兵亂，從而招來外寇。這都是危害國家的表現。

而如果朝廷有一定的制度和禮儀來尊崇君主地位，衣服器物都有規定，君主就可以依法立朝了。君主根據法律頒布命令，官吏奉命行事，百姓順從並成為風氣，日久形成常規，若有違反習俗、背離禮教的人，大家就會都把他看作奸人，做君主的就安逸了。

管子在這裡說明了兩個問題：一是如果君德不立，失去對臣子的監察，臣子們就會滋生禍事，危害國家；二是朝廷應該有一套約束監督臣子的法令，這樣才能使官吏安分守己，奉命行事，百姓安居樂業，君主也就無憂了。

管子在此對君主應加強對臣子的監督以及如何監督，做了詳盡的論述。其實早在夏朝，中國有就運用派遣使臣、諸侯相互監督、天子巡行等方式對下屬官吏進行監督的制度。此後，監督這一科學制度同樣得到了歷代王朝的重視。他們都把治吏放到相當重要的位置加以特別的強調，如側重於對官吏的失職、擅權、貪腐進行懲罰；實行了官吏的考核制度、本籍迴避制度和舉報制度；設置了專門從事監督工作的「御史」、「御史臺」、「督察院」等機構。管子及歷史上諸朝對監督的重視說明，任何時候都不能忽視對權力的監督。

對企業管理來說，監督同樣不可或缺。權力的集中是有利於決策，但過度集中也易導致專制；權力的分散是有利於決策的執行，但過度分散也易導致權力的放任自流，不受控制。任何權力失去監督都會導致權力的濫用。

總之，監督是對權力的一種規範和制約，是民主最有力的體現。對權力進行有效的監督，是任何管理者都必須掌握的一種管理手段。

【延伸閱讀】

舉而得其人，坐而收，其福不可勝收也。官不勝任，奔走而奉，其敗事不可勝救也。而國未嘗乏於勝任之士，上之明適不足以知之。是以明君審知

勝任之臣者也。

——《管子．君臣》

用人得當，可以坐而得福，好處不盡。如果官吏不能勝任，即使賣力奔走，也會壞事而難以補救。國家並不缺乏勝任的人才，只是君主還看不到他們。因此，賢明的君主總是察訪勝任職事的臣下。

聽之術，曰：「勿望而距，勿望而許。許之則失守，距之則閉塞。高山，仰之不可極也；深淵，度之不可測也。

——《管子．九守》

聽取情況的方法：不可一聽就拒絕，不可一聽就讚許。讚許可能失控，拒絕可能閉塞。要像高山一樣，仰視看不到頂；像深淵一樣，度量測不到底。

三十六　有備才能無患

管子曰：「夫謀無主則困，事無備則廢。是以聖王務具其備，而慎守其時。」（語出《管子．霸言》）

謀事無主見會陷入困境，辦事無準備會失敗。因此聖王務求做好準備，小心謹慎地等待時機。

不怕一萬，只怕萬一，做事千萬不能盲目樂觀，多為幾個萬一做好準備，有備無患，未雨綢繆，不要等到困難來臨時才被動應對，以至於陷入不利局面。

智者在做事時，總是審時度勢，周詳考慮在行動過程中可能出現的每一個細節，準確預測可能出現的每一個問題，並做好應對措施，做到未雨綢繆，防患於未然。

管子在〈霸言〉中說：「聖人畏微而愚人畏明，聖人之憎惡也內，愚人之憎惡也外，聖人將動必知，愚人至危易辭。」聖人警惕壞事的萌芽，而愚人要等壞事明了才知道害怕；聖人憎惡壞事的本質，而愚人只恨壞事的表面；聖人能預知安危，而愚人大難臨頭還懵懂無知。管子在〈輕重甲〉中用事實對有備無患進行了說明。

齊桓公欲出兵征服越國，向管子詢問計策。

桓公問：「天下各國，沒有比越國更強的了。現在我想舉兵北伐孤竹、離枝，又怕越國乘虛而入，你對此有什麼好的辦法嗎？」

管仲回答說：「請您下令截斷原山的水流，命大夫建築水池，叫人們跳水游泳，這樣，越國豈敢入侵？」

桓公問：「具體又該怎麼做呢？」

管子回答說：「請下令築壩堵住三江的水流，建立圓形水池。圍築能行大船的湖。這個能行大船的湖要有深淵，深度為七十尺。同時下令說：『能游於深淵的人，賞黃金十斤。』不等您用去千斤黃金，齊國人的游泳技術就與越國不相上下了。」

後來桓公舉兵北伐孤竹、離枝，越國的軍隊果然入侵，他們在菑水的蜿蜒處築堤堵水，企圖淹灌齊國。但管仲有五萬熟悉水性的士兵以預為防備，在菑水蜿蜒處與越軍會戰，大敗越軍。

管子未雨綢繆、防患未然，在齊國出兵北伐之際，用預先準備的水軍來應戰乘虛而入的越軍，並成功將越軍打敗，免去了齊國的後顧之憂。

其實，不僅在軍事上要像管子一樣做到有備無患，在做人做事上同樣如此。

智者考慮問題，處理問題都極盡周全，而愚者做事，卻往往粗心大意，忽略細節，只顧眼前利益，不做長遠打算，在做事過程中，一旦出現不利因素，他們手忙腳亂，卻又無濟於事，結果只能是亡羊補牢。許多人在接近成功的時候，往往就是因為自己的疏忽大意而功敗垂成。原本可以發展壯大的輝煌事業，卻因忽視一個小細節而造成無法挽回的後果，實為人生一大憾事。

我們應該像智者那樣，在生活中和事業上，始終保持警惕性、危機感，對有可能出現的問題及早處理、防微杜漸，把禍患消滅於萌芽之中，不能有愚者那種心懷僥倖、「亡羊補牢」的錯誤想法，這樣，就不會把事情弄到不可收拾、無法挽回的被動局面了。

【吃古通今】

喜鵲的巢通常築在高高的樹頂上，到了秋天，一颳起大風，窩巢便隨樹枝搖搖晃晃，簡直像要把整個窩巢颳翻下來一樣。每到這時，喜鵲和牠的孩子們蜷縮在窩巢中，驚恐萬狀，害怕得連大氣都不敢出。

可有一隻喜鵲很聰明，在夏天還未到來的時候，牠就想到了秋天，牠預料到秋季肯定會經常颳大風，這可真是只有遠見的喜鵲。為了保障住所未來的安全，牠果斷地決定立即搬家。於是，牠不辭辛苦地尋找安全的處所，終於選中了一處粗大低矮的樹椏，這地方低矮踏實，上面有濃密的枝葉遮擋，大風也不可能撼動這個粗大穩固的矮樹椏。然後，喜鵲又不厭其煩、不顧勞累地將原來的窩巢從高高的樹頂上搬下來，牠將那些搭窩的枝條、草葉，一根根、一片片搬到低矮粗大的樹椏上，築起了新居。新築的窩巢真的是舒適安全，大風再也不會侵犯到這低矮處的樹椏上了。

夏天到了，大樹濃密的樹陰下真涼快，過往行人常到樹陰下歇涼。人們在樹下一抬頭就看到了喜鵲的窩巢，再一伸手，就可以輕易地掏到窩巢中的小鵲或鵲蛋。人們覺得挺有趣。於是，窩巢裡的小鵲或鵲蛋經常被人掏走。小孩子們看到大人這樣做，他們也來掏小鵲和鵲蛋。儘管小孩子們個子矮，搆不著鵲窩，可是他們想辦法找來竹竿，用竹竿挑巢裡的小鵲和鵲蛋，還互相爭搶著。

可憐的喜鵲這下可遭了殃，秋季還遠遠沒到，牠的住所就被破壞得不像樣子了。

點評：

最高明的遠見是有備無患。凡是事先遇到警示的，就不會遭厄運打擊；凡是事前做準備的，就不會陷入窘境。喜鵲成功防備了未來的災患，但卻因挪窩還是產生了新的始料未及的災患。這就告訴我們在計劃未來時，千萬不要忘了當前，如果不能兼顧眼下與將來，考慮有欠周全，同樣會遭受損失。

【延伸閱讀】

故小征，千里遍知之。築堵之牆，十人之聚，日五間之。大征，遍知天下。日五間之，散金財用聰明也。

——《管子·制分》

即使是小的征戰，也要完全了解千里之內的情況，就是一牆之隔，十人聚集，也要每天偵察五次。大的征戰，則要完全了解天下形勢。每天偵察五次，需要把金錢花在情報人員身上。

三十七　以人為本的經營理念

管子曰：「是故國之所以為國者，民體以為國。君之所以為君者，賞罰以為君。」（語出《管子．君臣》）

國家之所以成為國家，是由於有人民這個根本。君主之所以成為君主，是由於掌握了賞罰。

以人為本，不僅主張人是發展的根本目的，回答了為什麼發展、發展「為了誰」的問題；而且還主張人是發展的根本動力，回答了怎樣發展、發展「依靠誰」的問題。

「天地萬物，唯人為貴」。以人為本，是一種對人在社會歷史發展中的主體作用與地位的肯定，它是一種價值取向，強調尊重人、解放人、依靠人和為了人。

管子認為，國家的根本在於人民，國君治理國家的根本問題有兩點：一是治人，二是治事。凡是做人君的，都希望民眾親近君主順從君意，希望民眾勝任所從事的工作。明君總是透過博愛來親近民眾，因應他們的要求，幫助他們富裕，愛惜他們的勞力，不奪他們的農時，以利他們發展，這樣，民眾就親近君主順從君意。

齊桓公欲成就霸業，卻一時不知從何做起，便向管子請教。

管子說：「您想要成就霸王之業，做一番大事情，就必須從根本上做起。」

桓公移動身體離開座位，拱手問道：「那麼什麼才是根本呢？」

管子答道：「齊國的老百姓就是您的根本。人們很怕饑餓而賦稅沉重，人們很怕死亡而刑罰嚴酷，人們很怕勞苦而君上辦事不分時節。您如果減輕賦稅，人們就不愁饑餓；寬緩刑罰，人們就不怕死亡；辦事有時限，人們就不懼勞苦。」

桓公說：「我聽了仲父的話，這三點算是明白了。」

第二天，桓公便為官定好法令，讓農民只交百分之一的賦稅，孤幼者不處刑罰，水面按時開放，關卡只稽查不收費，市集也不徵稅，對近處的人顯示忠義，對遠處的人顯示禮儀。這樣實行了幾年，人民像流水一樣前來歸附。

任何時代，人民都是歷史的直接創造者，是社會前進發展的根本動力。在倡導以人為本理念的當代，管子的重民思想更是強化了以人為本的重要性，對企業管理尤其具有指導意義。

隨著知識經濟的到來，人力資源已成為企業最為寶貴的資源，於是越來越多的企業提出了「以人為本」的企業精神。從管理角度上講，以人為本是一種對企業員工進行管理的思想，這種思想強調員工在管理活動中的參與意識和參與行為。

以人為本是一種系統管理思想，要想把以人為本落到實處，主要應做到以下幾點：

以德為本。「以德為本」的著力點，在於培育富有鮮明時代特徵的企業文化，創建一個開放、平等、寬鬆、積極向上的軟環境，以最大限度地尊重人、關心人、依靠人、凝聚人、造就人、培養人為宗旨，以此來引導、約束、統一企業全體員工的價值觀、意識、心理及行為取向，最終實現「以德治企」。

以情為本。「以情為本」的著力點，在於為員工創建一種溝通無限的工作氛圍，讓員工樹立「主角」的心態，充分尊重員工的個性發展，切實關心員工的心理動向。

以能為本。「以能為本」強調「人職匹配」，以人的能力為管理的核心，在人才的使用上實行能者上、平者讓、庸者下，把薪酬的支付標準與「能」相對應。

【吃古通今】

世界上最大的資訊工業跨國公司 IBM，自創立起便非常重視以人為本的經營理念。

IBM 以員工為企業最重要的資產，以「尊重員工，協助自重；適才適職，發揮潛能；人才培養，技能提升」為原則，在平等及受到尊重的環境中，向員工提供充滿挑戰性的工作、系統的學習和培訓以及成功的機會，強調員工工作中的價值與滿足感。

IBM 致力於把每位員工實現自身價值的過程，凝聚為企業發展源源不絕的強大動力，讓員工與公司一起成長。

IBM 向員工提供管理和專業兩種成長管道，使員工有多種機會和廣闊的空間去發展自己的職業生涯，實現個人的職業理想。員工在自己的職業生涯發展規劃中，如果提出想做經理，朝管理方向發展，公司則要考察該員工是否有這個潛力。考察結果認為有發展潛力，則把該員工存入經理人才儲備庫，並列入經理培訓計劃中去，在適當時候接受三個月的經理人員培訓，訓練領導才能、擴大視野、熟悉跨部門的關係網絡。另外，如果員工想做技術人員，在專業方向發展，IBM 也提供了廣闊的發展空間，可以一級一級地向上發展。

以人為本——IBM 倡導並在員工之間營造一種家庭氣氛，不鼓勵員工之間的惡性競爭。

在 IBM 有許多俱樂部，開展各種員工娛樂活動，以便員工在輕鬆的氣氛中，建立真誠友誼，形成親密團隊。IBM 非常關心員工的個人生活，為員工提供較高的福利待遇，辦理醫療、失業、養老等保險，並推出員工住房自助計劃。員工生病或需要照顧家庭，以及前往在職進修時，都可以休假，不用擔心會失去自己的工作。在 IBM 看來，在寬鬆的大家庭氣氛中，每位員工才能安心工作，才能富於創新，為客戶創造一個又一個奇蹟。

IBM 為員工營建了一個和諧發展的大環境：機會平等——IBM 為每一位員工提供平等的工作、培訓和晉升機會；全面溝通——IBM 採用定期部門會議、與高層管理人員面談、員工意見調查、直言不諱信箱等多種具體方法，實現員工與公司的全面溝通；建議計劃——IBM 鼓勵員工提出、參與和接受建設性建議，並且所有被採納的建議都給予相應的承認和鼓勵；功績評估——個人功績評估系統是 IBM 薪酬的基石，公司將透過個人工作計畫及評估來衡量每位員工的實際表現。

點評：

美國《時代》雜誌曾這樣評價 IBM：「沒有任何企業，會這樣對世界產業和人類生活方式帶來和將要帶來如此巨大的影響。」這恐怕是對一個企業的最高評價，也從另一個角度說明 IBM 的成功。那麼，是什麼力量使 IBM 歷經風雨而不斷發展呢？在 IBM 自己看來，是他們把「以人為本」的經營理念真正落到了實處。

【延伸閱讀】

昔者，聖王本厚民生，審知禍福之所生。是故小事微，違非索辨以根之。

——《管子．君臣》

過去的聖明君主總是把人民的生活看作根本，深入了解禍福產生的原因，所以對微笑的事情都非常謹慎，對違法行為都認真辨別，追根究底。

凡眾者，愛之則親，利之則至。是故明君設利以致之，明愛以親之。

——《管子．版法解》

凡是民眾，對他們愛護，他們就親近；為他們謀利，他們就歸附。因此，明君實行利民政策以招引他們，明示愛民之意使他們親近。

三十八　調查的重要性

管子曰：「行此道也，國有常經，人知終始，此霸王之術也。然後問事，事先大功，政自小始。」（語出《管子．問》）

實行了這些方針，國家就有準則，人民就有規範，這就是成就霸王之業的政策。然後進行調查詢問，問事先從大處著眼，施政則要從小處入手。

調查，即透過一定形式和各種途徑，直接或間接地蒐集有關資訊，比較充分地掌握有關客觀實際的材料，為科學決策提供可靠的前提和基礎。

調查研究，即是在調查所得的各種資料的基礎上，進行深入的分析綜合，從而獲得對客觀事物的某些規律性認識，用以指導各種實踐活動的過程。調查研究是做各項工作和進行決策的基本前提，注重調查研究，是實事求是，一切從實際出發的基本工作態度。

《問》篇中，管子對調查的長篇論述也充分強調了調查的重要性。詢問死於國事者的遺孤，有沒有尚未得到田宅的？詢問青壯年，未服兵役的有多少人？詢問死於國事者的遺孀，她們應領的糧食領到沒有？詢問為國家立大功的人是哪些部門的官吏？詢問各州的大夫都是什麼地方的人，現在做官是靠什麼做起來的？詢問斷案有常法可循，不可改變，現在卻長期積壓，是什麼原因？詢問五官各有制度，總管部門也有常規，而現在政事拖延，是什麼原因？詢問單身漢、寡婦、孤窮疾病者有多少人？詢問國中因犯罪被放逐的是哪些家族的子弟？詢問鄉中的富家僱傭的人數有多少？詢問邑中的窮人借債度日的有多少家……

管子十分重視調查，他不僅熟悉以往各個朝代注重調查的史蹟，而且還對那些傾聽百姓呼聲的制度給予了高度的評價，並加以仿照施行。包括以上的詢問，在《問》篇中，管子後學們共列出了六十多個問題，具體涉及經濟、政治、倫理道德、人才選用、軍事等方面，在當今仍具有廣泛的指導意義。

沒有調查，就沒有發言權。如在市場經濟方面，行業間、行業內的競爭越演越烈，要想深入了解市場、了解客戶、了解消費習慣、了解行業整體規模等情況，就需要進行深入的市場調查，並在科學規劃和系統有效的市場調查基礎上進行研究分析，才可能觸摸市場真實的脈搏。

其實，不僅經營者要注重調查研究，為人處世時同樣不可缺少調查。生活中，很多人都容易犯這樣的錯誤，喜歡主觀臆斷，在待人、接物、處事中總愛有意無意地把自己當成標準、參照物，以自己的經驗去判斷是非曲直，以自己的尺度、觀點去衡量、忖度他人。有時甚至一意孤行，固執獨斷，不容商量，這樣難免把善意當成惡意，把好人當作壞人，也難免把好事辦成壞事，甚至鑄成無法彌補的大錯。這都和缺少調查有關。

另外，調查之後還要研究，以做出正確的決策。調查和研究兩者密不可分。因為調查過程中往往需要初步的研究，而在研究過程中又往往需要繼續進行調查。只調查不研究，只能使掌握的客觀材料失去應有的價值；只強調研究而未經過周密的調查就下結論，勢必犯主觀主義的錯誤。

【吃古通今】

以彩色感光技術先驅而著稱的美國柯達公司，以蝶式相機問世為例，這種相機投產前，經過反覆調查。

首先由市場開拓部提出新產品的意見，意見來自市場調查，如大多數用戶認為最理想的照相機是怎樣的？重量和尺碼多大最適合？什麼樣的膠卷最便於安裝使用等。

然後，公司根據調查結果，設計出理想的相機模型，提交生產部門對照設備能力、零件配套、生產成本和技術力量等因素考慮是否投產，如果不行，就要退回重訂和修改。如此反覆，直到造出樣機。

樣機出來後再進行第二次市場調查，檢查樣機與消費者的期望還有何差距，根據消費者意見，再加以改進，然後進入第三次市場調查。將改進的樣機交給消費者使用，在得到大多數消費者的肯定和歡迎之後，交給工廠試產。

試產品出來後，再交給市場開拓部門進一步調查，新產品有何優缺點？適合哪些人用？市場潛在銷售量有多大？定什麼樣的價格才能符合多數家庭購買力？

待諸如此類問題調查清楚後，正式投產。正是經過反覆調查，蝶式相機一推向市場便大受歡迎。

點評：

市場調查是企業了解市場和認識市場的一種科學的方法。任何企業在決定製造某種產品之前，都應像柯達一樣，對潛在的市場做全面的了解，然後根據市場的需求制定有的放矢的生產計劃，生產消費者想要的、能賣得出去的產品。

【延伸閱讀】

齊桓公問管子曰：「吾念有而勿失，得而勿忘，為之有道乎？」對曰：「勿創勿作，時至而隨，毋以私好惡害公正。察民所惡，以自為戒。黃帝立明臺之議者，上觀於賢也；堯有衢室之問者，下聽於人也。」

——《管子．桓公問》

齊桓公問管子：「我想常有天下而不失，常得到天下而不亡，有辦法做到嗎？」管子回答說：「不以個人好惡損害公正原則。要調查了解人民喜好厭惡什麼，並引以為鑑。當年黃帝建立明臺的諮議制度，就是為了從上面蒐集賢士的意見；堯實行衢室的詢問制度，也是為了從下面聽取人民的呼聲。」

三十九　切忌任人唯親

管子曰：「見賢不能讓，不可與尊位；罰避親貴，不可使主兵。」（語出《管子．立政》）

見賢而不退讓的人，不可以授予尊貴爵位；掌握刑罰卻避開親貴的人，不可以統帥軍隊。

任人唯賢與任人唯親相對，前者以品德好、才智高為任用人才的標準，後者以關係親近為任用人才的標準。對企業，尤其是民營企業來說，任人唯親都在某種程度上制約了自身的發展。

顧名思義，「任人唯親」是指在任用下屬與合作者時，以對象和自己的親密程度為依據，任用親屬、親友和親信。

《後漢書．蔡邕傳》中說：「初，朝議以州郡想黨，人情比周，乃制婚姻家之家機兩州人士不得對相監臨，至是復有三互法，禁忌轉密，選用艱難，幽冀二州，久缺不補。」主要意思就是：本地人不得為本地長官，婚姻之家不得相互監臨，有血緣關係或者婚姻親屬關係的人，不得在同一部門或者地區為官。

在古代，舉賢避親是選擇人才的重要標準之一，齊桓公就是這樣一位舉賢避親、任人唯賢的英明君主。

齊襄公有兩個弟弟，一個叫公子糾，另一個叫公子小白，他們各有一個很有才能的師傅。由於齊襄公荒淫無道，西元前六八六年，公子糾跟著他的師傅管仲到魯國去避難，公子小白則跟著他的師傅鮑叔牙逃往莒國。

後來齊國發生大亂，齊襄公被殺，公子糾得知後便啟程回國欲繼承王位。他的師傅管仲擔心逃亡在莒國的公子小白搶先回國奪到君位，所以帶領一支人馬去攔截公子小白，並偷偷向公子小白射了一箭。管仲以為公子小白被他射死，便不慌不忙地回魯國去護送公子糾到齊國去。

不料，公子小白並未被射死，鮑叔牙將他救治後，趕在管仲和公子糾之前回到了齊國都城，說服大臣們迎立公子小白為國君。這就是齊桓公。

再說公子糾發現公子小白先於自己回國，並被齊國立為國君後，便回到魯國。隨後，齊、魯之間便發生了戰爭。結果魯軍大敗，只得答應齊國的條件，將公子糾逼死，又把管仲抓起來。齊國的使者表示，管仲射過他們的國君，國君要報一箭之仇，非親手殺了他不可，所以一定要將他押到齊國去。

管仲被押到齊國都城後，鮑叔牙親自前去迎接。後來齊桓公不僅沒有對他報一箭之仇，反而任命他為相國，而鮑叔牙自願當他的副手。原來，鮑叔牙知道管仲的才能大於自己，所以說服齊桓公這樣做。

齊桓公舉賢避親，任人唯賢，不但重用與自己有一箭之仇的管仲，而且拜他為相，將他位列於自己的師傅之上，並讓自己的師傅做他的副手。管仲得到齊桓公重用，這正是齊國不斷強大的主要原因。

管仲在得到齊桓公的大赦和重用後，更是禮賢下士，求賢若渴，任人唯賢。他在〈牧民〉篇中說：「天下不患無臣，患無君以使之；天下不患無財，患無人以分之。」由此可以看出他對賢士的重視。

與任人唯賢相對，由於傳統文化和觀念的影響，任人唯親目前仍然是中國國內企業管理中一個比較突出的問題，不僅在民營企業中存在，在國有企業、集體企業中也同樣存在。這無疑都在一定程度上制約了企業的發展。

對於舉賢不避親的危害，古人也有很深刻的論述：「舉才不出世族，用法不及權貴，是以才不及務，奸無所懲。若此道不改，求以治亂，難矣。」現代人尤其是領導者，都應該引以為戒。

【吃古通今】

出身寒門的李嘉誠透過半個世紀不懈的努力和奮鬥，從一個普通人成為商界名人，並取得了令人矚目的成就。每當提起他的成功，李嘉誠總是坦然告知，良好的處世哲學和用人之道是他成功的前提。

白手起家的李嘉誠，在其長江實業集團發展到一定規模時，敏銳地意識到，企業要發展，人才是關鍵。一個企業的發展，在不同的階段需要有不同的管理和專業人才，而他當時的企業所面臨的人才困境較為嚴重。李嘉誠克服重重阻力，勸退了一批創業之初，幫助他一起打江山的「難兄難弟」，果斷起用了一批年輕有為的專業人員，為集團的發展注入了新鮮血液。

在李嘉誠的兩個兒子成人之前，他沒有安排任何一個親屬到公司裡工作。他一開始就超越了任人唯親的做法，廣泛地聚集全世界的人才。

李嘉誠的公司分布在五十二個國家，有二十萬名員工，其中包括為數眾多的外國人。

李嘉誠能夠完全拋棄傳統文化中以血緣為紐帶的狹隘觀念，這對企業家來說實為難能可貴。李嘉誠認為，親信並不等於親人。他說：「在我公司服務多年的行政人員，有的已工作了很多年，有些更長達三十年，什麼國籍都有。無論是什麼國籍，只要在工作上有表現，對公司忠誠，有歸屬感，經過一段時間的努力和考驗，就能成為公司的核心成員。」

李嘉誠的親信觀，為企業的發展注入了無窮的動力。在李嘉誠的公司，人員的變動是相當少的，來自世界各國的員工都願意為公司奮鬥終生。李嘉誠公司之所以具有如此巨大的凝聚力，與他充分利用個人人格魅力有直接的關係。李嘉誠麾下的著名經理人袁天凡曾公開表示，「如果不是李氏父子，我不會為香港任何一個家族財團做事。」

點評：

怎樣用人，用什麼人，對於企業來說，是一個事關興衰成敗的大問題。企業經營者應摒棄家族觀念，走出家族式管理，堅決克服任人唯親的偏向，建立公平的競爭機制，一視同仁地對待員工，唯才是舉，唯才是用，這樣，才能激發和調動全體員工的積極性、創造性，企業才能生機勃勃，充滿活力。

【延伸閱讀】

夫下不戴其上，臣不戴其君，則賢人不來。賢人不來，則百姓不用。百姓不用，則天下不至。故曰：德侵則君危，論侵則有功者危，令侵則官危，刑侵則百姓危。

——《管子．君臣》

如果下面不擁護上面，臣子不擁護君主，賢人就不願意出來。賢人不出來，老百姓就不願意效力。老百姓不效力，天下就不會歸附。所以君主濫用施行恩惠的權力，自身就會危險；濫用評定功勞的權力，有功的人就危險；濫用發號施令的權力，做官的人就危險；濫用行使刑罰的權力，老百姓就危險。

明君不為親戚危其社稷，社稷戚於親；不為君欲變其令，令尊於君；不為重寶分其威，威貴於寶；不為愛民虧其法，法愛於民。

——《管子．法法》

明君不為親戚危害國家，國家比親戚還親；不為個人欲望改變法令，法令比君主個人有尊嚴；不為重寶分散權威，權威比重寶還珍貴；不為愛民損害法律，法律比人民更可愛。

鮑叔牙在舉薦管子為相時，對齊桓公說他有五個方面不如管子：寬惠愛民；治國不失其柄；以忠信交好諸侯；制定禮義約束四方；披甲擊鼓，立於軍門，使勇氣倍增。鮑叔牙還說：「管仲猶如百姓的父母，欲治其子，不可不用其父母。」但管子卻認為成其霸業非一人之力，因此他竭力向齊桓公舉薦人才。

四十　「予之為取」的管理之道

管子曰：「能佚樂之，則民為之憂勞；能富貴之，則民為之貧賤；能存安之，則民為之危墜；能生育之，則民為之滅絕。」（語出《管子·牧民》）

如果能使人民安樂，人民就可以為我承受憂勞；能使人民富貴，人民就可以為我承受貧賤；能使人民安定，人民就可以為我承受危難；能使人民生育繁衍，人民就可以為我犧牲。

「將欲取之，必先予之」，是中國祖先從無數實踐中總結出來的重要謀略之一。也就是說，要借助別人的力量，必須要先給予對方一定的好處。

管子在〈牧民〉中指出了老百姓的四惡：惡憂勞、惡貧賤、惡危難、怕滅絕。之後，管子又進一步說：「刑罰繁多而老百姓不害怕，政令就難以執行下去；殺的人很多而老百姓心中不服，則君主的位子就很危險了。所以我們順從老百姓的四欲，那麼其他的國家百姓也會不召自來；行其四惡，本國的老百姓也會叛離。」最後，管子總結道：「故知予之為取者，政之寶也。」

管子對人性的深刻觀察實在令人驚嘆。

人首先是自然的動物，吃飯穿衣，繁衍子孫，這是人本能的需求。馬斯洛認為，人的需求五層次是：生理的需要，安全的需要，社交的需要，尊重的需要和自我實現的需要。雖然管子並沒有系統的心理學思想，但是，他從國家社稷的根本利益出發，對民心的把握是很深刻的。貧賤、滅絕，其實即是生理的需要；危墜則是對安全感的需要；「衣食足而知榮辱」更是低級需要滿足之後的高一級的需求。

無論是從政治倫理還是人心好惡的把握，管子都把人當作自然、社會中的人來看。他深知人心的好惡，於是提出了「予之為取」的主張，使管理者對被管理者的索取變得隱蔽起來。

「予之為取」確實很高明。所謂「予」，其實就是統治者在政治、經濟上對老百姓採取寬惠的政策，「取」則是獲取百姓的部分勞動成果及支持，以期達到富國強兵、政治上稱霸的目的。管子不但對民心有深刻的把握，其政治手腕的運用也十分嫻熟。他深知，給老百姓什麼，哪怕是很小的好處，他們都會高興的，而從老百姓手裡拿走什麼，不論多少，他們總是不太痛快的，這就是所謂「予則喜，奪則怒」。

「予」是手段，「取」是目的，這是中國古代頗具影響的謀略思想。隨著社會的發展，管子「予之為取」的謀略也被成功地運用到各種經濟活動之中，被演繹發揮得淋漓盡致。

美國雀巢公司擬在印度莫加地區建立一家乳製品廠，但那裡飼養的乳牛常常染病，多數農民只能生產自家飲用的牛奶，根本沒有多餘的牛奶可供出售。面對這種情況，雀巢公司不是改變計劃另尋產乳基地，而是在此地設立免費服務處，向農民提供治療乳牛疾病的藥品，並出資幫助挖掘新水井。這一高明之「予」，不僅使乳牛健壯了，出乳量猛增，而且雀巢公司的乳源問題也迎刃而解了。

從以上實例可以看出，企業在經營活動中，「予之為取」、「欲取先予」不失為一種高明的「投入產出」觀。因為從表面上看，未取先予有吃虧之嫌，但從長遠看，企業只要能贏得消費者情感的認同，就能獲得整體上的經濟效益。

其實，企業管理者不僅對待消費者應「予之為取」，對待企業內部員工更應如此。管理者施行各種激勵措施，做好員工的待遇、福利方面的工作，讓員工嘗到甜頭。俗話說：「投之以桃，報之以李。」員工嘗到了甜頭，就會產生知恩圖報的心理，在這種心理的驅動下，他們會更加努力地工作。

【吃古通今】

在易利信的種種措施中，多樣的人才政策是獨具特色的。易利信的管理者認為，只有給員工以充分的尊重，才能確保員工的認同感和忠誠，使員工感受到自己是公司的一員，使員工確認自己在公司中的價值，這樣才能發揮員工的積極性和自主意識。

易利信透過幫助員工看重自己，從而為企業帶來利益。易利信以企業為核心，能夠有效地保證企業經營機制的運轉。而易利信的人才政策，體現出對員工的重視，更是清清楚楚地在對員工說：「企業的一切依賴於你們。」

「用利潤為員工服務」。要「讓員工服務於企業利潤」轉為「為員工服務」、「與員工分享利潤」。只有尊重關懷員工，提高員工的工作生活質量，員工才能對企業忠誠和認同，樂於付出額外的努力來創造更大的價值。

易利信除良好的員工分紅制度、醫療保險、退休金制度等一般性的福利措施外，還有許多是為員工考慮的福利措施，其中包括很多從員工的角度於細微之處的考慮。這樣，福利並不單單是福利，它表現出企業對於員工的關心。

尊重所有員工，關心員工的一切問題，和員工全面並坦誠地做雙向溝通。在如此經營下，每個員工都感覺到自己受到公司的尊重；他們得到不斷的訓練和不斷的自我發展的機會；最重要的是經營階層是與員工站在一起的，而不是處於敵對地位。

易利信不但薪酬高於同行企業，而且又有著良好的福利措施。易利信的管理階層認為，唯有如此，才能留住人才，並促使人才努力工作。

易利信充分挖掘了每一項能激勵員工的因素，如良好的工作氛圍、自主的創造精神、全員參與經營的民主意識以及由此所激發的企業「主角」意識，這些都是易利信不斷發展壯大的原因。

點評：

現代經營學認為，經營之道在於借力，而人是企業最重要的籌碼，「借力」就是要善於借用員工的智慧，不僅要知人善任，更要學會對人力資源合理開發，做到可持續利用。保護好現有的人力資源，就是保護企業的永久生命力。在這方面，易利信為所有的企業做了一個很好的示範。

【延伸閱讀】

政之所行，在順民心。政之所廢，在逆民心。民惡憂勞，我佚樂之；民惡貧賤，我富貴之；民惡危墜，我存安之；民惡滅絕，我生育之。

——《管子．牧民》

政令之所以通行，在於順應民心；政令之所以廢弛，在於違背民心。人民害怕憂勞，我就使他們安樂；人民害怕貧賤，我就使他們富貴；人民害怕危難，我就使他們安定；人民害怕滅絕後代，我就使他們生育繁衍。

電子書購買

國家圖書館出版品預行編目資料

以管攻管：叛逆宰相的人生翻轉聖經，管仲的心機管理手記 / 劉燁，山陽著 . -- 第一版 . -- 臺北市：崧燁文化事業有限公司，2021.11

面； 公分

POD 版

ISBN 978-986-516-597-0(平裝)

1.(周) 管仲 2. 學術思想 3. 企業管理

121.61 110002539

以管攻管：叛逆宰相的人生翻轉聖經，管仲的心機管理手記

臉書

作　　者：劉燁，山陽

發 行 人：黃振庭

出 版 者：崧燁文化事業有限公司

發 行 者：崧燁文化事業有限公司

E-mail：sonbookservice@gmail.com

粉 絲 頁：https://www.facebook.com/sonbookss/

網　　址：https://sonbook.net/

地　　址：台北市中正區重慶南路一段六十一號八樓 815 室

Rm. 815, 8F., No.61, Sec. 1, Chongqing S. Rd., Zhongzheng Dist., Taipei City 100, Taiwan (R.O.C)

電　　話：(02)2370-3310　　**傳　　真**：(02) 2388-1990

印　　刷：京峯彩色印刷有限公司（京峰數位）

定　　價：375 元

發行日期： 2021 年 11 月第一版

◎本書以 POD 印製